不吼不叫：富养女孩的100个细节

周倩◎编著

中国商业出版社

图书在版编目（CIP）数据

不吼不叫：富养女孩的 100 个细节 / 周倩编著.
—北京：中国商业出版社，2017.7
ISBN 978-7-5044-9974-5

Ⅰ.①不… Ⅱ.①周… Ⅲ.①女性—家庭教育
Ⅳ.①G78

中国版本图书馆 CIP 数据核字（2017）第 176865 号

责任编辑：武文胜

中国商业出版社出版发行
010-63180647　www.c-cbook.com
（100053　北京广安门内报国寺 1 号）
新华书店经销
北京时捷印刷有限公司

★　★　★　★　★

710×1000 毫米　1/16　15 印张　188 千字
2018 年 1 月第 1 版　2018 年 1 月第 1 次印刷
定价：39.80 元

★　★　★　★　★

（如有印刷质量问题可更换）

序
富养，让女孩更美好

每一个女孩都是上天赐予父母的宝贝，她们像花朵一样美好，也像水晶一样需要细心呵护。更好地教养女孩，是每一位父母不懈的追求。

我们要认识到，父母不仅仅是女儿的物质供应者，更是心灵和精神的供养者。母亲的高度是女孩的起点，父亲的高度是女孩的方向，积极教育的前提是信念正确，教养女孩的基本原则是对女孩的独有天性加以因势利导，用父母最充沛的爱对女孩进行"富养"。

女孩要富养，这个富养的"富"，是"丰富"的"富"，而不是富贵的"富"。

昂贵的洋娃娃或漂亮的衣服，并不能让女孩子清楚地认识到自己是被富养的"公主"，反倒会助长她的骄纵之气。

一些身价不菲的父母，动辄花上十多万给孩子买衣服，把孩子打扮得漂漂亮亮去接受别人的赞美，却对孩子真正喜欢的小玩具嗤之以鼻，认为这些太"掉价"而不肯给孩子玩。这样的孩子，就算物质上再富有，精神也是匮乏的。

在物质上，没有钱并不可怕，怕的是父母时时流露出对自己的贫穷感到恐惧、感到耻辱的自卑感乃至仇恨社会的情绪。这样的环境，这样的心境，如何能培养出优秀的女儿呢？

真正使女孩变得像公主一样美好的，是她童年时得到的来自于父母无微不至的爱与关怀，以及整个家庭的温馨和谐氛围。比起男孩，女孩需要更多的爱和关注。如果父母足够尊重孩子，给予她健康的爱，善于倾听女孩的喜怒哀乐，在平等交流的基础上与孩子畅所欲言，普通的生长条件一样能培养出优秀的女孩。

反之，花再多钱，也只能培养出"钱包鼓鼓，六神无主"的愚蠢女孩。

富养女孩，绝不意味着把她泡进蜜罐，让她一辈子不经历风雨。温室里的鲜花最怕风雨的袭击，没有抗摔打的能力，女孩的未来很难收获成功与精彩。

富养女孩，就要给她更多历练的机会，让她经历"摔打"，体验人生，感受世界，从而开阔她的视野，增加她的见识，提升她的气质，培养她人情练达的能力。

在"富养"的家庭里，每位家庭成员都把相互理解、关爱、信任当作最基本的原则去执行；每个人都会努力展现出积极健康的一面，坚持挖掘生活中的细微闪光点；彼此间可以分享快乐，分担悲伤，互相关爱、照顾。

如此"富养"出的女孩，见多识广、独立有主见、有自己的人生原则、有洞察世事的智慧。她清楚明白自己要的是什么，什么才是人生最美好、最值得拥有的东西；她不会斤斤计较于细小的得失，凡事都能够从宽处、大处着眼，淡定从容做出最好的选择；她总是显得乐观、积极、善良，能用阳光一样的笑容融化周围的冰山。

如此"富养"出的女孩，能保持内心的高尚美好而不被浮世的虚荣诱惑，能坚守自己的做人准则而不被外界声音左右，不会在别人的花言巧语、糖衣炮弹下轻率地决定自己的一生，人生因此更自信，更坚定，更快乐，更幸福。

愿所有女孩都能收获幸福的人生，愿所有女孩的父母都能不负期待！

目录

001 第一章
敏感细心的女孩需要更多"爱"的富养

1. 富养的目的是什么 / 002
2. 真正的富养是精神的富裕、灵魂的富足 / 004
3. 0～6岁,女孩幸福人生的奠基石 / 006
4. 7～12岁,提升女孩学习能力的关键期 / 008
5. 13～16岁,关注女孩的青春期成长 / 011
6. 不做娇惯孩子的"包办型"家长 / 013
7. 让女孩儿吃点苦 / 016
8. 教女孩学会付出爱 / 018
9. 女孩更渴望得到他人的关爱 / 021
10. 别让女孩委曲求全 / 022

025 第二章
给女孩打造温馨的家庭环境

11. 温馨的家庭环境是女孩学会"爱"的第一步 / 026
12. 什么是有害的亲子关系 / 028
13. 打造平等的亲子关系 / 030
14. 最好的教育是时间的陪伴 / 032
15. 妈妈是女孩的模仿对象 / 034
16. 爸爸是女孩的铁壁铜墙 / 036
17. 适当忽视,让女孩更自主 / 038
18. 每一个懦弱的女孩背后,都有一个强势的父母 / 040
19. 跨越代沟的障碍 / 041
20. 让女孩更有"安全感" / 043
21. 欣赏比苛责更有效 / 046
22. 用父母的情绪感染女孩的情绪 / 048

051 第三章
不吼不叫,为女孩创造美好未来

23. 不要过分"望女成凤" / 052
24. 用父母的尊重换女儿的信任 / 054
25. 父母的肯定与鼓励至关重要 / 056
26. 父母在教育上保持言行一致 / 058
27. 聪明的父母不啰唆 / 060
28. 发展女孩的自然天性 / 062

29. 尊重孩子的个性差异 / 064

30. 给予女孩参与家庭事务的机会 / 066

31. 强化女孩在群体中的归属感 / 068

32. 与女孩沟通的最好方式是互动式谈心 / 070

33. 巧用肢体语言与女孩沟通 / 072

34. 帮助孩子体验快乐的心情 / 075

35. 培养孩子解决问题的能力 / 077

36. 鼓励女孩喊出"我能行" / 079

37. 用幽默的语言代替说教与吼骂 / 081

38. 用耐心的教导启迪女孩的心扉 / 083

087 第四章
高贵源自美好的品质

39. 好品质是培养而非强迫出来的 / 088

40. 爱自己，爱他人 / 090

41. 拥有一颗感恩的心 / 092

42. 诚实是人生的重要品质 / 095

43. 让脆弱的女孩变坚强 / 097

44. 独立自信让女孩更出彩 / 099

45. 乐观是幸福人生的必备品质 / 101

46. 好奇心，让女孩更聪明 / 103

47. 学会从容淡定应对人生 / 105

48. 做眼界开阔、胸襟广博的女孩 / 107

49. 用温柔的心欣赏自然 / 109

50. 做身心皆美的运动型女孩 / 111

51. 让规则意识深入孩子的内心 / 113

第五章
高情商的女孩人人爱

52. 不做自恋、孤僻的"城堡公主" / 118
53. 不被嫉妒吞噬内心的美好 / 120
54. 提高人际交往能力 / 122
55. 培养理性思维 / 124
56. 做有责任感的女孩 / 126
57. 推己及人，才能知情达理 / 128
58. 在社会实践中历练女孩 / 130
59. "输得起"的女孩才能赢 / 132
60. 战胜内心的恐惧 / 134
61. 用正面情绪消解负面情绪 / 137
62. 学会自我管理，让女孩更美好 / 139
63. 把对手视为朋友 / 141

第六章
做魅力非凡的女孩

64. 博览群书，腹有诗书气自华 / 146
65. 做落落大方的"韩梅梅" / 148
66. 举止优雅，不做"野孩子" / 150
67. 修炼属于女孩的高贵气质 / 152
68. 音乐让女孩的内心更悠扬 / 154

69. 舞蹈让女孩拥有更美的形体 / 156

70. 绘画让女孩的审美能力不断提升 / 158

71. 终身学习，不断超越自我 / 160

72. 善解人意的女孩更有魅力 / 162

73. 外在也很重要，打造整洁健康的仪表 / 164

167 | 第七章
全面提升女孩的能力

74. 观察力：细节处的体贴入微 / 168

75. 专注力：成功者必备的能力 / 170

76. 创造力：不走寻常路 / 172

77. 记忆力：好记性胜过烂笔头 / 174

78. 想象力：创造七彩的天空 / 176

79. 应变能力：让女孩更从容 / 179

80. 动手能力："手巧"才能"心灵" / 180

81. 感官训练：提升五感灵敏度 / 182

82. 语言表达能力：让交流更顺畅 / 184

83. 多向思维能力：激发孩子的潜能 / 186

84. 时间管理能力：提高人生的效率 / 188

191 | 第八章
掌握学习方法，提升女孩学习力

85. 优化学习情绪，变被迫学习为主动学习 / 192

86. 不输给自己才是真的赢 / 194

87. 制定学习目标，让学习更有动力／196

88. 启发教育胜过强行灌输／198

89. 教孩子学会预习／200

90. 多复习是变身"学霸"的法宝／203

91. 巧用思维导图，提纲挈领掌握知识／205

第九章
帮助女孩度过矛盾叛逆的青春期

92. 性教育越早越好／210

93. 不可忽视的成长躁动期／212

94. 打开女孩的心锁／214

95. 关爱自己的身体，健康才是最美的／215

96. 不要侵犯女孩的隐私／217

97. 不要对早恋"谈虎色变"／219

98. 教女孩把握好与异性交往的"度"／222

99. 远离盲目崇拜，引导女孩理智追星／223

100. 重视网络安全，远离网恋、网骗的陷阱／225

第一章
敏感细心的女孩需要更多"爱"的富养

1. 富养的目的是什么

女孩富养的目的是什么?

古语有云:从来富贵多淑女,自古纨绔少伟男。富养女孩的目的是让女孩成长为知性、高贵、独立的优秀女性。这样,无论她将来选择怎样的道路,她幸福的概率都会比别人高。

英国的威廉王子为什么会迎娶普通家庭出身的凯特·米德尔顿?可以说,凯特王妃以其美好的外形、优雅的气质、迷人的风采、尊贵的教养和多才多艺迷倒了温莎皇室成员,故能成为全球瞩目的耀眼王妃。

而凯特王妃之所以气质迷人、多才多艺,与她从小被父母"富养"是分不开的。

凯特王妃的父母极为重视下一代的培养,为了培养孩子的能力和修养,投入了大量的金钱、精力与时间,并把三个孩子都送进了英国最昂贵的私立学校。

凯特王妃小学就读于英国圣安德鲁斯学校,这是全英著名的贵族小学,以培养最优秀的淑女和绅士而著称。在这所小学里,凯特王妃受到了严格的教育,包括语言的发音、举止的优雅以及多种才艺的训

练，等等。

而凯特王妃本人也非常努力，自小学起就出类拔萃，既是教会唱诗班的领唱，又加入了校管弦乐队；同时，她在体育上几乎是全能的，游泳、曲棍球、网球、滑雪无不精通，是学校曲棍球队队长，还是校网球赛的第一双打。体艺的精通，使她与威廉王子相遇后，有了大量的共同话题。

小学毕业后，凯特王妃的父母又为凯特选择了极负盛名的莫尔伯勒中学——全英最好的中学之一。在这所中学里，凯特王妃犹如一件被精心打造的艺术品，不断绽放出自己的美好。她不仅学业成绩全优，同时还是学校体育骨干、校队明星。这样的学霸＋女神，走到哪里都像是钻石一样闪光动人。

进入大学后，凯特王妃与威廉王子成为同学。凭借着自幼培养的完美能力，样样精通的她既能够与王子一起去滑雪、打曲棍球、游泳，又可以举止优雅地随王子出席各种高级酒会。她自幼培养出的才华与气质吸引了王子，更重要的是，他们拥有大量共同话题，有相似的人生观、价值观，所以最终，她成为与王子牵手一生的人。

从凯特王妃的成长历程我们可以看出，父母的精心培养是她成功的重要因素。可以说，真正的"公主"都源自富养。

与之相反，我们也常常见到妙龄女孩因为一只名牌包、一辆好车就轻易成为有钱人的"金丝雀"。新闻上甚至有报道，一位初中女生因为游戏中的一套装备就委身于人。

马斯洛需求层次理论众人皆知，人类在满足较低的需求层次后才会向更高层进阶。精神分析心理学说，童年决定人的一生。童年亲子关系内化成孩子的内在关系模式，决定孩子一生的性格命运。

所以我们说，女孩一定要富养。若女孩从童年开始，就被"富养",那么她的内心会更充实,视野也会更开阔,她会变得有教养、有学问、有才华、有内涵。

如果家境好,不妨让女孩多见见繁华世界,这并非虚荣,眼界开阔的女孩才能更聪明、更自信;如果物质条件一般,让孩子多看书,同样能使孩子的内心变得富足充盈——这同样是"富养"。

2. 真正的富养是精神的富裕、灵魂的富足

常常看到网上有讨论帖,讨论到底应该富养孩子还是穷养孩子。参与讨论的父母常常较为重视子女教育且有能力提供给孩子较好的教育,然而其中不少人对富养的认知都比较片面。

坚持孩子要富养的家长认为,富养就是要舍得花钱、要什么给什么,也有人把富养等同于报各种兴趣班,钢琴、舞蹈、书法、网球一窝蜂,孩子的才艺学得越多越好。

坚持孩子要穷养的家长则认为,穷养可以培养"斗士"——革命家、创业家都是这么来的,而富养只会养出纨绔富二代。

其实,以上两种认知,都在无形中把富养理解成舍得花钱,这实在太过片面。只关注金钱上的富养,很有可能会培养出一个骄纵、挑剔、禁不起任何打击、不能自立的柔弱女孩。

真正的富养是让孩子拥有精神的富裕、灵魂的富足。只有精神的"富养",才能带给女孩子一生的富足、一辈子的幸福。

威廉王子在回忆与凯特王妃相爱的原因时曾经说:我与凯特王妃的爱情始于圣安德鲁斯大学,初进大学时我因对学校生活的不适应,

曾经一度想离开，而凯特凭借温柔与善解人意，帮助我度过了这一困难时期，我们进而相知相爱。

也就是说，凯特王妃赢得王子青睐的原因之一是她美好又智慧的内心。

卢梭曾经说过："一个女人可以用化妆品使她出风头，但是获得别人的喜爱，还要依赖她的人品和处世手段。"也就是说，一个女孩，若只有金钱的富足与好皮囊，是成不了大器的。

法国历史上著名的皇后——路易十六的皇后玛丽不仅以她的天真与美貌著称，更以她良好的教养与尊严而闻名。在法国大革命开始后，她体现出一位王后的骄傲与尊严，她表现得比国王路易十六更有主见，更为坚强、坚定。

玛丽皇后被判处死刑、推上断头台的时候，不小心踩到了刽子手的脚，她下意识地说了句："对不起，先生，我不是故意的。"

这个小细节真是把"富养女孩"的修养体现到了极致。由此可以看出，真正富养的女孩，她能从骨子里散发出高贵的精神，无论何时何地，都不会忘记基本的教养和礼仪。这与那些有钱而骄纵的物质富养女孩截然相反。

正是因为这样刻入骨髓的教养，无论是当时还是后世，都有很多人支持玛丽王后，比如法国最杰出的作家雨果、奥地利作家斯蒂芬·茨威格等人，皆公开表示对王后抱有同情。

那么，怎样才能培养女孩精神的富裕、灵魂的富足呢？

女孩要富养，这个富养的"富"，是"丰富"的"富"，而不是富贵的"富"。

富养、穷养取决于父母的心态，跟经济能力关系不大。

我们提倡女孩要富养，关键在于父母要赋予女孩子自信、自强等强大的意志力量……带她多去交际，鼓励她，赞美她，给她自信；不断开阔女孩子的眼界，丰富她的知识内涵；帮助女孩养成理性思考的能力、独立判断的能力，让她的眼光更高远；在她遇到重大抉择、左右为难的时候，帮她分析利弊，然后尊重她的选择……

要记住，只有精神的富养，才能让女孩气质高贵、人格独立，让她更聪明、自信，更有内涵，从而成为更美好的人。

3. 0~6岁，女孩幸福人生的奠基石

在教育上，积极应对的前提是信念正确，正确教养女孩的基本原则是对其独有天性加以因势利导。

医学和心理学研究表明，由于体内荷尔蒙激素的不同，以及男女大脑的细微差别和大脑中某个部位的发育先后顺序及程度不同，从很小的时候开始，男孩和女孩就已经表现出了很大的性格差异。比如，女孩常常表现得很敏感，即使是别人不经意间所说的一句话，都能让她们伤心半天；她们很脆弱，常因一点小事大哭大闹；她们的依赖心远重于男孩，无论做什么事，都渴望父母、老师或者同伴的帮助；相比于空间识别能力更优秀的男孩，女孩在语言方面的天赋显然更胜一筹……

为了更好地在精神上"富养"女儿，每一位女孩的家长都应该意识到，除了男女共同需要的一些教养方法外，我们还需要明白每一个阶段女孩的独有特征有哪些。在了解了女孩的独有特性之后，父母可

以使用一些技巧"因材施教",让女儿更健康、快乐地成长。

0~6岁是教养女孩的第一个阶段,也是奠定女孩一生幸福的最重要时期。

尽管幼儿期的孩子共同表现出顽皮好动的特征,但我们仍能看出男孩与女孩的显著差异。与男孩相比,学龄前(0~6岁)的女孩已经明显表现出女性情绪敏感、依赖性强的特点。

一般来说,女孩的心灵更敏感脆弱,其情绪反应往往比男孩强烈得多,尤其是当女孩的感觉或情绪被他人否定时,她的反应会更强烈,甚至一些家长眼中无关紧要的"逗乐子"都会使年幼的女孩感到困惑乃至愤怒、伤心。

针对这一特征,女孩早期教育的首要任务就是安全感的建立。

父母应及时了解女孩的心理需要,为她营造良好、温馨的成长环境,认同女孩的感觉或情绪,相信她、理解她的感受并接受她的情绪,让她感受到父母全身心的理解和爱护,让她感受到充分的安全感。

女孩的依赖性强是由其天性的柔弱性决定的,因此我们必须予以关注。

一方面,在保证安全感之后,我们应对女孩敏感的心灵进行"锤炼",使其变得"多一些坚韧,少一些脆弱",让她们学会独立、有主见,少一些依赖性,清楚自己的原则和追求,不容易被挫折和困难打败。

另一方面,在女孩7岁以前,父母应该给予她适当的指引和帮助,不必强求她"独立自主"。虽然我们说,让孩子自己做出选择是培养孩子主见的好方法,但是在她还不能进行独立、理性思考的时候过分强求其"独立",只会让她无所适从,从而更加害怕面对未来。因此,女孩的家长可以比男孩家长更多地为孩子提供帮助,在她进行选择的时候给予指导。父母和蔼又坚决的指导态度更容易赢得女儿的合作，也会使她明白父母在她的身边帮助她，因而更有安全感。

总而言之，在教养0~6岁的女孩时，最重要的是针对其敏感柔软的心灵，给予最大的爱与呵护，为其一生幸福奠定最重要的安全感基石。

4. 7~12岁，提升女孩学习能力的关键期

医学研究表明，在小学（7~12岁）阶段，女孩不但身体发育比男孩快，大脑发育也比男孩快。这一时期，女孩的脑细胞得以大量更新，大脑的血量比男孩多15%，大脑中主管语言的神经中枢比男孩大1/3，她们的神经元细胞异常活跃，大脑皮层和边缘系统发育趋于成熟……

除了大脑的发育优势，这一时期的女孩在心理上的成熟与突变也是显而易见的。她们渐渐从幼童梦幻般的世界中走出来，开始尝试探索外面更新鲜的世界；她们的视野变得越来越开阔，试图更进一步地了解周围的世界；她们开始用自己的思考来代替他人的说教，对父母、老师的话产生怀疑……这种身心的突变，使得这一时期成为提升女孩学习能力的关键期。

然而我们看到，现在有很多孩子刚上小学就表现出严重的厌学倾向，对于学习没有一丝一毫的兴趣。导致这种现象的根源就是家长在教育的过程中太过重视学习，一味揠苗助长，反倒让孩子早早失去了学习兴趣。因此，在女孩7~12岁阶段，比起知识的全面灌输，家长

更应该着力培养的是好奇心与思维习惯。

首先,我们应着力提升女孩的好奇心,这是学习能力不断突破的前提。

1983年获得诺贝尔生理学或医学奖的世界著名遗传学家芭芭拉·麦克林托克正是由好奇心驱动而从事科学研究的典型。

幼年时的芭芭拉·麦克林托克并不是一个外向的孩子。于是,她的父母针对她的性格特点,着力引导她观察、发现自然,以提高她的好奇心。在父母的引导下,从孩子时代起,她对自然科学的热爱就已达到入迷的程度。而对自然的热爱,促使她对大千世界越来越好奇。为了满足自己的好奇心,她如饥似渴地阅读着自然教科书,从中获得了大量知识与快乐。"我喜爱知识,"她自述道,"我渴望知道各种事物。那真是一种巨大的快乐,寻找答案的整个过程就是一种纯粹的快乐。"

基于这种对自然巨大的好奇,成年后的芭芭拉走向了研究物种遗传的道路。20世纪40年代,她通过运用传统遗传学和细胞学研究的手段,提出了"转座因子"的概念,解决了用分子生物学和分子遗传学的方法才能解决的问题,因而震惊世人。1944年,她被选为美国国家科学院院士,1945年担任美国遗传学会主席,曾多次获得国家奖励。

"转座因子"研究对于后来分子生物学和分子遗传学的发展,对基因工程、转基因研究、癌症研究和人类基因组计划的开展,无不具有极其重要的意义。因其对人类遗传学的卓越贡献,1983年,瑞典皇家科学院诺贝尔奖金评定委员会把该年度的生理学或医学奖授予这位不屈不挠的女科学家,她也因此成为遗传学研究领域第一位独立获得诺贝尔奖的女科学家。

除了好奇心，思维习惯的培养也极为重要。另一位获得诺贝尔奖的杰出女科学家玛丽·戈佩特·迈耶的成长可以证明这一点。

玛丽·戈佩特·迈耶是德裔美国物理学家，她的父亲是德国哥廷根的教授。

她在回忆中说，她的父亲从来不愿她做家庭妇女，从她小学开始，父亲就鼓励她走向科学之路，并大力培养她的思维习惯。她在哥廷根的邻居中有大数学家希尔伯特，她跟随这位了不起的邻居不断学习数学的思维方式，并在父亲与邻居们的影响和指导下不断提升学习能力——包括逻辑思考能力和独立解决问题的能力。

20世纪40年代，移居美国的玛丽与德国物理学家汉斯·詹森等分别提出"核壳层构造"的解说。在此后的十数年里，玛丽与詹森持续协作，于1955年共同出版了《核壳层构造基本理论》一书。1963年，两人又共同获得了诺贝尔物理学奖。

可见，7~12岁的女孩对世界充满了探索欲望，对新鲜知识和信息的接受能力也极强。这一时期既是女孩学习的最佳期，也是家长培养她们学习能力的最关键时期。在这一时期女孩所学的才艺和技能，将会伴随她一生。

若父母能抓住这一关键期，对女孩进行学习能力上的指导，则会明显促进其智力发育，提高其终身学习的能力。

5. 13~16岁，关注女孩的青春期成长

青春期是女孩生理发育和心理发展急剧变化的时期，是童年向成年过渡的时期，也是人生观和世界观逐步形成的关键时期。

很多家长说，青春期是男孩的叛逆期，却忽略了青春期也是女孩的叛逆期。囿于天性，女孩的青春期有时显得安静而内敛，她们的叛逆也不像男孩那样强烈而富有对抗性。因此，很多家长只关注到她们在青春期的生理变化，却忽略了青春期也是她们人生中最美好、最重要的成长阶段，忽略了她们心理上微妙又复杂的变化。

女孩青春期的典型心理包括：

（1）格外关注自身形象

女孩子是细腻敏感的，她的视觉、听觉、嗅觉、触觉、感觉相对于男孩子要敏感得多，这使得她随时观察自己在周围人尤其是父母眼中的形象，如果这种形象是好的，她就会变得积极而自信；如果相反，她就会变得消极而自卑。

进入青春期后，女孩的这种特征会变得格外明显，父母常常会发现，女儿每天用于照镜子的时间越来越长。一些家长因此斥责孩子"就知道关注外形，不用心学习"。其实，这是女孩子青春期最正常的表现，家长一味地斥责非但不能帮助她把心思集中到学习上，反而容易使她产生否定自我的念头。

因此，当我们看见女儿不断关注自己的外形时，首先要及时赞美她外形的美好、气质的纯真，在对她的外形肯定之后，再用比较和缓的语言或名人事例告诉她，光有美好的外形而缺乏内在的女孩，终究

是肤浅的,以此引导她"内外兼修"。

(2)忧郁自卑倾向

不自信、容易忧郁是青春期女孩极为常见的心理现象,再优秀的女孩身上都可能出现。

2011年戛纳影后克尔斯滕·邓斯特长相甜美,似乎天生就该是演艺圈的宠儿。她3岁开始出现在各种商业广告或时尚秀场。7岁时正式出演首部电影——三大导演合导的大片《纽约故事》,12岁扮演了《夜访吸血鬼》中的克劳迪娅,13岁入选《人物》杂志当年全球50位最美的人。

无论外形还是人生成就,邓斯特都可以说是站在金字塔顶端的少女。然而,就是这样出色的她,却在青春期时因为对自己的不自信而陷入忧郁自卑之中,最终因患抑郁症而住进了犹他州的疗养院。

青春期的女孩,不再是天真烂漫、无忧无虑的小女孩。13岁开始,当她们走进中学的大门,集体的生疏、环境的变化、学业的压力、竞争的氛围、外貌特征的明显变化,都会在她们心里掀起巨大的波澜。她们成长、成熟的同时,也容易产生忧郁、自卑的倾向。尤其是那些性格内向或外形普通的女孩子,更容易产生这种心理。这样的女孩子,在老师、同学面前也许表现很"乖",但在家里却往往喜怒无常或者动不动就掉眼泪。

因此,这一时期我们对女孩一定要多鼓励、少挖苦,多赞美、少批评,多带她发现生活中的美好,多引导她看到自身的优点。

(3)对同伴强烈依赖,对父母不耐烦

女孩子到了青春期,已有摆脱家庭的意识,她不再需要家长过多的呵护与陪伴,可又不够独立与成熟,这使她总是有些怯懦、恐惧,

因此格外需要同伴。所以这一时期，我们总是看到女孩子和闺密头碰头叽叽喳喳说个没完，回家后面对父母却一言不发。

面对这种情况，家长一方面要多引导孩子说说校园里开心的事情，与她一起分享与同伴之间的趣闻，并以平等交流的态度及时在交友方法上予以指导；另一方面，不必强求孩子完全向自己打开心扉，什么秘密都要告诉家长。

（4）高度关注异性

对异性的高度关注是少男少女在青春期里最显而易见的表现，也是最正常的反应，这说明她们的心理成长是正常的，与生理变化相吻合的。可我们许多家长和老师却将女孩子对异性（包括优秀的男同学和好看的男明星）的好感视作是洪水猛兽，从而采取不当的处理方式，最终导致女孩与父母的激烈冲突。

面对这种情况，"堵"不如"疏"，我们应积极帮助女儿树立正确的爱情观，同时也要告诉她，只有优秀的女孩才能引起优秀男孩的关注，从而引导她充实自我、努力学习。

总而言之，青春期的女孩，心理变化既剧烈又隐蔽，我们更应多予以关注，以帮助她快乐、健康地度过这一人生中最复杂的剧变期。

6. 不做娇惯孩子的"包办型"家长

有人认为，"富养"孩子就是要满足孩子的一切需要，事事顺其心意。这绝不是"爱的富养"，而是骄纵与溺爱。

面对天性柔软敏感的女孩，我们当然需要给予其足够的爱与保护，但我们一定要分清爱与溺爱的区别。过度娇惯、溺爱孩子的家长

只会导致女孩无法独立成长。

20世纪60年代，美国教育界提倡自由教育，却发现宽松的结果就是孩子放学后或是扎进游戏，或是一整个晚上坐在沙发上看电视。一味顺应、娇纵孩子，最终会使他们无法在现实社会上竞争。

不可否认的是，父母总是无私地爱着自己的女儿。可是，我们更应做到正确地爱。当爱变成溺爱，变成无度的娇惯、娇纵，我们就该反省，正确的做法究竟是什么？

美国著名女政治家希拉里·克林顿1947年10月26日生于伊利诺伊州最大城市芝加哥，她的父亲是当地最著名的富商。父母极为爱护自己的子女，从小给予了希拉里充满爱的童年生活。然而，她的父母爱她却并不娇惯她，她从小就被父母教育要独立、要不断充实自己并服务他人。

《希拉里——我的抉择时刻》一书中，详细记录着她的父母对她的影响。

希拉里出生后，她的母亲多萝西每天念各种故事给她听。希拉里识字后，母亲每周带她去图书馆，让她阅读各种优秀儿童书籍。母亲用春风化雨般的温柔教育，着力培养了希拉里阅读与思考的好习惯。

希拉里的父亲休·罗姆德是个退伍军人，与温柔的母亲相比，父亲对孩子的要求更为严格。父亲的工厂经营得有声有色，家资豪富，却从不给孩子们零花钱，总是鼓励孩子们自己动手赚钱。没有零花钱的希拉里曾在夏天采集蒲公英，以换取微薄的酬劳；稍大一些，则开始帮邻居带小孩、在商店做销售员以赚取零花钱。

为了让孩子们懂得生活的不易并体察他人的艰难，父亲常常带他们去乡下小木屋住，过着苦行僧的日子，提醒孩子们懂得珍惜自己拥

有的一切。此外,父亲还会开车带孩子们穿过芝加哥的贫民窟,让他们亲眼看见贫民窟中人们生活的艰难。

这样的家庭教育奠定了希拉里对家庭、工作要忠诚的信念和服务大众的信念,使她从小就将自我生活规划得井井有条。

从读书开始,希拉里一直是学校和社团中的活跃分子。她学业成绩出类拔萃,在高中的最后一年还曾经进入了全美优秀学生奖学金竞赛的决赛。1965年,她进入马萨诸塞州韦尔斯利学院,主修政治学,并成为第一个在韦尔斯利学院毕业典礼上发表演讲的学生,其富有争议的演讲引起了全国观众的注意。从耶鲁大学法学院博士毕业后,希拉里成为美国著名的罗斯律师事务所历史上第一位女性合伙人,并两次被评为"全美100位最具影响力律师"。

由希拉里的家庭教育可见,只有爱而不娇惯,我们才能培养出既独立有思想,又富有爱心与能力的孩子。

与之相反的是,随着物质条件的改善,现今的父母常常对孩子过于娇惯而不自知,以为自己是在"爱"孩子,其实却是过度宠爱、过度保护、过度照顾,以至于导致了大量"啃老族""花朵孩"的出现,以及类似"我爸是李刚"这样的骄横者的出现。

"爱"和"娇惯"是截然不同的。我们说要爱女儿,指父母既疼爱女孩,用充盈的温柔与爱让女孩子感受到内心的温暖,不至于有情感的匮乏,又对女儿进行必要的管教与约束,对于女儿的错误绝不纵容、包庇。"娇惯"则不同,这是放纵女孩,父母缺少必要的严厉,对女儿不加约束管教,这样的女孩大多娇气且骄横。

所以,我们既要爱孩子,又要给予其必要的管束,为其制定基本的"家规",帮助其养成规则意识,养成良好的生活和学习习惯。比如,给孩子规定严格的睡觉、起床时间,规定孩子必须参与家务劳

动,从小事入手,理智地爱女孩。当孩子触犯规则,则应指出其错误,帮助其改正;若其哭闹不改,则给予必要的惩戒。

7. 让女孩儿吃点苦

人们总是说,女孩是水晶,晶莹剔透,不能"摔打"。然而我们说,女孩也需要吃点苦。

在女孩成长过程中,苦是一味有益身心健康的良药,适当吃苦可以让女孩内心变得强大,提高她的免疫力。

我们生活在一个真实的世界,有光明也有黑暗,有顺境也有逆境。一个从没吃过苦的孩子,眼里只能容得下光明与顺境,那么她一旦遇到挫折,就很容易迷失。适当吃苦会让女孩成长,让她从骨子里领略到这个世界真实的一面。

对于比男孩更脆弱的女孩来说,吃苦可以让她变得更坚强。

前阿根廷总统胡安·贝隆的第二位夫人艾薇塔·贝隆因对阿根廷的卓越贡献而被誉为阿根廷"国母"、阿根廷永不凋谢的玫瑰。她的成长,可以说是一位女性不断在苦难中奋斗的传奇故事。

艾薇塔·贝隆的出身并不高贵,她的母亲胡安娜是一位勤劳、善良的阿根廷传统妇女,母亲的爱使她在生命伊始就学会了对人抱有真诚的爱。另一方面,她家境贫寒,成长中经历过许多艰辛,这又使她个性坚定、刚烈、自尊心极强,并对穷人抱着极大的同情与关怀。

20世纪40年代,积极呼吁"民主、自由、平等"的贝隆上校逐渐登上阿根廷政治舞台。他对穷人的关心深深打动了政治理念相仿的

艾薇塔。在与贝隆相爱、结婚后,艾薇塔积极与丈夫一起推行"贝隆主义",艰涩死板的政治主张与词语在她的嘴里化作悦耳的音乐,拂过每一位阿根廷公民的内心。

然而,当艾薇塔风头正健的时候,她又一次经历了生活的磨难。

他们为穷人所做的努力触动了富人阶级的利益,因此极大地刺激了阿根廷国内的反对派,于是,阿根廷当局将贝隆上校送进了监狱。被囚在监狱的贝隆身心疲惫,甚至萌发了退隐之心。这时,艾薇塔却显得极为坚强,惯看苦难的她一面不断鼓励贝隆不要气馁,帮助他恢复重出政坛的自信;另一方面,她抵挡着来自当局的重压,更加积极地奔走呼告,四处宣讲"贝隆主义"与其民主、自由思想。她的演讲感染了无数阿根廷平民,他们纷纷扛着标语走向街头,迫使当局释放了贝隆上校。

在贝隆夫妇极力营造的民主气氛之中,贝隆于1946年正式当选为阿根廷总统。而成为"第一夫人"后的艾薇塔一如既往地"吃苦"——她为普通大众的利益四处奔走,她不向中产阶级献媚,重点培养社会底层人民,创办了阿根廷"第一夫人基金会"以及阿根廷穷人救助中心,努力维护穷人和妇女利益,为阿根廷妇女赢得了投票权等一系列权利。

她去世时,整个国家都为之悲恸。70万人从阿根廷各地赶来瞻仰遗容,阿根廷甚至将她的头像放在阿根廷纸币最高面额100比索上以示尊敬。

生活从来都不可能是一帆风顺的,不会因为你是女孩子,生活就对你温柔。能吃苦的坚强女孩才更能承受生活的压力,更能以坚忍不拔的意志走向成功。一个内心强大的女孩,才能真正无所畏惧,才能在生活中处之泰然、宠辱不惊,拒绝外界浮华的诱惑,坚守内心的纯

真与美好。

这个吃苦不是指在精神上折磨女孩，让她缺乏安全感，而是在满足其"爱与安全"的基本需要的同时，让女孩清楚看到人生的坎坷，了解社会生活中存在的痛苦，以及世界其他地方正在遭受的苦难，让她经历思想情感的苦楚，经历挫折与磨难。

培养女孩的吃苦精神，可以为她有针对性地安排一些磨砺，比如女孩娇气、浪费，我们可以安排她到偏远农村体验生活；但更多地应该在平时生活中自然融入"我要锻炼我自己"的意识。当她面对自我矛盾和迷茫、适应新环境、学习困难、考试失利、友情疏远或破裂等问题时，我们应该抓住机会对其进行教育，让她自己解决问题，而非帮她解决问题。每一次挫折都会是她调整自己、提高自己的好时机。

8. 教女孩学会付出爱

很多父母表示，为了孩子可以牺牲自己的一切，只求付出而不求回报。长此以往，孩子也理所当然地接受父母的爱，却忘记了，爱是相互的。

尤其在面对女孩的时候，很多家长说，女孩需要格外的保护，于是把她捧在手心里当成"琉璃娃娃"，结果孩子一味索取而不知付出，总希望他人服务于自己，却不肯为他人做出一丁点奉献。这样做，最终只会加重她的自我中心意识，使她最终成为一个自私自利、毫无公德心的人。

要想让女孩学会付出爱，我们首先应培养她的分享意识。

现在的孩子越来越缺乏分享意识，这与家人的溺爱是密切相关的。现在家庭结构简单，独生子女就是家里的小皇帝、小公主。爸爸妈妈、爷爷奶奶、外公外婆宠着、疼着他们，一切以孩子为中心，这让孩子往往只考虑到自己，而不会想到他人。在家里称王称霸惯了之后，在和其他小朋友交往的时候，也就自然以自己的需求为出发点，把最好的留给自己，把自己喜欢的先抢到手，拿到后就贴上自己专属的标签，不愿再拿出来分享。

因此，我们要在家中多营造分享的氛围，从物质和精神两方面培养孩子的分享精神。比如，家中的食物全家人一起享用，避免孩子独占食物。在孩子主动提出分享时，大方接受而非说"全都给你"。从精神上看，家长可以有意识地把自己看到、听到的有意义的事讲给孩子听，让孩子一起快乐，一起忧伤，使幼儿在潜移默化中得到情感分享，慢慢地，孩子也会学着把自己的物品、情感分享给大家。

其次，要想让孩子学会付出爱，我们应培养孩子从小做家务的习惯。

提到家庭教育，许多父母把功夫下在孩子的智力开发上，却忽视孩子的品德培养和劳动习惯的养成，什么活儿都不让孩子做，生怕孩子累到，最终培养出"油瓶子倒了都不知道扶"的无用之人。所以，若想爱而不娇惯，不妨从让孩子做家务开始。

做家务有利于培养孩子的独立生活能力。一个人的劳动能力强，生活技能高，他的独立生活能力就强。相比其他人，他更能独立面对各种困难。

对于女孩来说，做家务劳动的目的不仅仅是培养她爱劳动的好习惯，更在于让她懂得，"奉献"对家庭的重要性，进而让她长大后成为善解人意的人。在她为家庭承担一份责任的同时，她会逐步形成一

种家庭责任感——这种家庭责任感，便是今后她的社会责任感的基础。

最后，要想让孩子真正成为心中有"大爱"的好女孩，我们还应从小让她懂得，奉献他人、奉献社会是每个人应尽的责任。

美国著名废奴主义者和妇女权利的倡导者索杰娜·特鲁斯（原名伊莎贝拉·范瓦格纳）本是一名黑奴。她的父母均来自非洲，并通过黑奴贸易来到了美国。索杰娜身为黑奴期间，遭受了她主人的残酷对待，并在年少时就被主人们当作私有财产转手以换取金钱。之后，她和她的5名子女又接连受到了主人的无情对待。

然而，她没有在命运的折磨下变得麻木，反而因此坚定地认为"我有义务改变这一切，我有义务让这个社会变得更好"。她从很早开始就坚定地与奴隶制度做斗争，在得知她5岁的儿子彼得被她之前的主人卖了之后，她没有因此对自己的奴隶身份认命，反而在人们的帮助下将此事呈上了法庭。数个月后，索杰娜胜诉并要回了她被卖走、被虐待的儿子。

艰难的道路和旁人的嘲笑并没有阻挠索杰娜进取的意志。她越挫越勇，积极投身于人权事业和社会改革。1827年纽约州废除奴隶制后，索杰娜投身福音派的传教工作，并在传教的内容中加入了废奴和女权主义的思想。1851年，在俄亥俄州阿克伦举行的妇女权利大会中，她发表了名为《难道我不是一个女人》的著名演说。

纵观索杰娜的一生，她不畏反对和嘲笑，积极与社会不公制度做斗争，勇敢而坚定地展现出一位女性的社会责任感，她因此成为19世纪美国人权卫士的代表，也让我们看到，何为"大爱无疆"。

9. 女孩更渴望得到他人的关爱

相比于"粗线条"的男生，细腻敏感的女生更渴望得到他人的关注。如果她的这种需求长期被漠视，她就可能变得内向、自卑、忧郁。

两次获得奥斯卡金像奖最佳女主角的简·方达是好莱坞著名演员亨利·方达的女儿。孩童时期的她十分健壮可爱，然而却很少获得肯定与赞美，这使她一直觉得自己不够漂亮，觉得自己长得太胖，因而产生了较强的自卑感。她的弟弟彼得·方达出生后，父母把更多的关注放在了弟弟身上，更加剧了她的失落感。父母离异后，跟随父亲生活的简·方达努力向父亲寻求她极为需要的安慰和抚爱，却因父亲的再婚和忙碌而屡次遭到忽视。

长期的缺少关爱使她从12岁开始便试图自杀，后来又患上了神经性贪食症。成年后的她虽然在演艺事业上取得了巨大成功，却很难在精神上获得快乐，由此带来的神经性贪食症如蛆附骨，年纪越大情况越糟。

幼时的被冷落、被漠视给简·方达的一生幸福带来巨大阴影，这告诉我们，每一位父母都应该高度重视女孩的情感需求。

父母除了在生活上关心孩子外，还有哪些细节可以做得更好呢？

首先，千万不要用"不爱"来威胁女孩。

我们常常看到父母在孩子不听话的时候威胁他："你再不听话，我

就不要你了,把你丢掉。"出门走亲访友,常常有亲友逗孩子:"你爸爸妈妈不要你了。"部分"二孩家庭"的"大宝",更是常常被邻居开玩笑:"哎呀,你爸爸妈妈不喜欢你了,只喜欢小弟弟、小妹妹。"

这些话,尽管只是玩笑,却会让还不懂如何分辨玩笑与实话的孩子心生恐惧,乃至丧失安全感,变得爱哭闹、难以安抚、格外黏人、缺乏自信、胆小畏缩。

其次,父母在孩子面前除了要表现对孩子的爱,还应表现出对另一半的关爱。家庭关系和睦、父母感情和谐、家庭氛围轻松,这些都会在无形中感染孩子。这样的家庭氛围里,哪怕你不额外关注孩子,对家庭关系敏感的女孩也能潜移默化地变得轻松而有安全感、归属感,变得自信而开朗。

再次,有二孩的家庭请一定要做到公平、公正,"一碗水端平"。如果女儿是老大,切不可跟她说"你是姐姐,要让着弟弟、妹妹";如果女儿是老小,也不可给她灌输"哥哥、姐姐就是应该让着你"的思想。否则,前者会变得情绪低落、对父母失望,后者则会变得娇纵、任性。

最后,大量数据调查表明,离异家庭对女孩的心理伤害远大于男孩。因此,若夫妻感情实在无法延续,请体面、和平地分手,不要在女儿面前撕破脸。要告诉她,无论她跟谁,都是爸爸妈妈永远的"小棉袄",爸爸妈妈会永远爱她、关心她。

10. 别让女孩委曲求全

女孩天性柔软,所以依赖性远比男孩强。

在女孩的身边,我们看到的是漂亮的洋娃娃、柔软的玩具熊,这

些毛茸茸的东西，能够使她感觉到舒适和温馨，感受到安全和依恋。也正是女孩对安全的渴望，造成了女孩对家长或长辈的过分依赖。

因为这种依赖的心理，同男孩相比，女孩更注重人与人之间的关系。在关系和利益面前，她们很容易向关系妥协，宁可委曲求全，也不愿让身边的人失望。

比如，为了和同学们一起玩，女孩会放弃自己想要做的事；为了得到老师的表扬，女孩宁可参加自己无法坚持到底的长跑；甚至还有很多女孩长大后，为了不辜负父母的期待，毅然走进相亲场，与自己不喜欢的人结婚、生子……

这样做，她们难道不累吗？

不，女孩的委曲求全会让她觉得自己很累很累。

然而，她常常还是一边觉得累、委屈，一边又继续选择委曲求全以满足他人心愿。因为在她心里，她缺乏安全感，她总觉得，如果我不委屈自己，不迎合他人，我就可能得不到别人的爱。

作为女孩的家长，在养育女孩的过程中，一方面应给予女孩足够的安全感；另一方面应努力培养女孩维护自我利益的意识，鼓励她说出自己的想法，鼓励她勇敢地拒绝，让她不要为了取悦他人而委屈自己、丧失自我。

希拉里·克林顿小的时候，父母带着孩子举家搬迁到新泽西州的帕克里奇。

搬家后不久，希拉里的母亲发现幼小的希拉里不如以前那么活泼爱玩了，她变得抗拒出门，也不愿找周围的小伙伴玩耍，有时还哭着回家。

在母亲的耐心询问下，希拉里告诉母亲，街对面奥卡拉汉家的小女儿苏西老是推撞她。

又一次被苏西欺负后的希拉里哭着跑回家，却被母亲拦住。母亲说："回去！若苏西打你，我允许你回去，你必须学会保护自己。"

后来母亲告诉她，她一直站在餐厅的窗帘后面，看着女儿抬头挺胸过马路。

在这个事件中，我们看到的是父母对孩子"自我保护意识"的教育。

我们当然都不希望自己的女儿是爱欺负别人家孩子的"狼"，所以我们常常教育女儿要友善待人。但是，我们也要树立女孩自我保护的意识，不做委曲求全、被人欺负的"羊"。

当女儿被欺负时，我们可以先仔细询问事情的过程，让她回想一下自己的行为是否先有不当。若孩子没有不当之处，教孩子要勇敢地向对方表达抗议，倘若遇上不讲道理、专爱欺负弱者的孩子，要立刻告诉老师、家长或是大声呼救，绝不能任由对方欺负。

当然，更多的时候，女孩遇到的并非欺负或者打架这么简单的事情，她更多地会遇到他人意愿与自我意愿的两难选择。选择满足他人意愿，则自己不得不委曲求全；选择坚持自我意愿，则他人会不高兴。

针对这种两难选择，在教育的过程中，我们应不断告诉女儿，如果自己的行为不会损人利己，那么，就坚持自己的意愿，不要为了别人委屈自己，更不要为了迎合别人、获得别人的好感而改变自己，真实的自己才是最可贵的。

不做委曲求全的女孩，才能塑造女孩健全的人格，使她成长为一个完美的女孩。正如一则短片所言：做一个自信、独立、热爱生活的女人，为自己而活，别让压力左右你的未来。

第二章
给女孩打造温馨的家庭环境

11. 温馨的家庭环境是女孩学会"爱"的第一步

父母不仅仅是女孩的物质供应者,更是心灵的供养者,父母温暖的拥抱和爱是女儿活泼、热情、快乐、自信的保证。

前韩国总理张泽相的女儿张炳慧在美国和日本有着40多年的教授生涯,被韩国人民亲切地称为"第一妈妈"。她有三个继子女,长女爱丽丝毕业于美国哈佛大学,国际律师专业;长子彼得毕业于耶鲁大学,后在哈佛大学进修经济管理学,并以第一名的成绩毕业;次女南希16岁时以第一名的成绩考入耶鲁大学,毕业后成为国际律师。

她曾说,在教育孩子的过程中,她并没有寻求什么特殊的教育方法,只是注重身教,努力为孩子们营造温馨的家庭环境。

在继母张炳慧来到这个家庭以前,三个孩子因父母离异,从小由别人代养,因而既缺乏家庭观念,又缺乏生活自理能力,兄弟姐妹间也不具有谦让、友爱的意识。

于是,张炳慧的教育便从营造温馨的家庭氛围,让孩子懂得什么是"家"开始了。

在日常生活中,她对孩子们最常说的一句话是:"如果你们忘了我们是一家人，就是最大的错误。家庭就是互相忍让、互相包容的地方，如果我们不能做到这一点，就不配做一家人。"

最初，她安排孩子们轮流打扫卫生。一次，轮到爱丽丝做卫生的时候，爱丽丝因为身体不舒服而躺在床上。张炳慧抓住这个机会，对常和姐姐吵架的彼得说："今天姐姐不舒服，你能帮她打扫房间吗？"彼得犹豫了一下，没有立刻否定。见机，张炳慧故意抬高声音，大声说："我们的彼得今天为生病的姐姐爱丽丝打扫房间，爱丽丝，你听见了吗？"

张炳慧说完这句话后，彼得为了让姐姐看到自己的表现，把桌子擦了又擦，干得非常起劲。自此以后，爱丽丝对彼得的态度发生了明显变化，在她遇到困难时，她会请彼得帮忙，并向他表示谢意。彼得与南希看见爱丽丝谦恭有礼的态度，也学着对家人越来越体贴。

渐渐地，孩子们有了改变——他们学会了原谅别人，也学会了关心他人。每当父亲下班时，他们都会跑出来向他问候；对待继母也越来越尊重，越来越亲热。他们感受到了家庭的温暖，懂得了家庭是一个整体。

身为继母，张炳慧没有排斥三个孩子，相反通过给他们灌输家庭的观念，用爱为他们打造了一个幸福和谐的家庭环境，不仅成功把孩子们送入了世界著名学府，还让他们都变成了健康快乐、懂得爱别人的善良之人。

所以，若想要让女儿健康、快乐成长，请务必为她营造温馨友爱的家庭氛围。从父母做起，引导孩子把相互理解、关爱、信任当作最基本的原则去执行。无论是快乐还是悲伤，无论是苦恼还是幸福，都拿出来与家人共享，让孩子明白"我们是一家人"，我们能共享彼此的快乐，我们能分担彼此的痛苦。

12. 什么是有害的亲子关系

亲子关系会影响孩子一生的发展，很多父母都会意识到这一点，可是在实际的相处中，我们常常会不知不觉地走入亲子关系的误区。

可怕的是，我们常常打着"为你好"的旗帜，却不知道自己在以爱的名义"毒害"孩子。一段有害的亲子关系常常充斥着愤怒、精神操控、负面和伤害的感觉，父母与孩子之间给不了对方任何支持。在这样的亲子关系中成长的孩子，常常会心理扭曲、难以感受爱和付出爱。对于原本就敏感细腻的女孩而言，有害的亲子关系的伤痕甚至可能烙印一生。

那么，哪些关系可以称为有害的亲子关系呢？

（1）漠视型亲子关系

有些家长对待孩子的做法，可以概括为：金钱上重视，情感上漠视。

舍得给孩子花钱，却不肯花时间花精力，总是以"忙碌"为借口，只顾着做自己的事情。一旦孩子表现出想要黏着父母的意愿，则不耐烦地推开孩子说："我这么辛苦赚钱养你，你还给我找麻烦？"

在漠视型亲子关系中长大的女孩，常常无法确认自己的情感需求是否合理，进而产生深重的自我怀疑。她会加倍努力，尽量满足父母的期望，委曲求全做"乖孩子"，以期获得关注和赞赏。

（2）控制型亲子关系

有些父母觉得，孩子是我生的，就该无条件听我的话。这样的父母一切按照自己的想法来，从来不听取孩子的意见，所有的控制行为

都会用"我是为你好"这句话作为掩饰。

孩子即便不饿,只要控制型的父母认为该吃饭了,就会强迫孩子吃饭。他们会要求女儿穿父母买的漂亮裙子,上父母帮她报名的才艺班,安排女儿的一切假期,规划女儿整个人生。

而一旦女儿提出反抗,他们就会暴怒着说:"你怎么这么不听话,你太让我失望了!"

他们不停地践踏孩子的界限,总是以"你还小,我替你……"这样的方式跟孩子说话,完全不给孩子任何私密的空间,导致孩子缺少身份认同。这样的亲子关系培养出的女孩往往缺少独立性和自我意识,最终成为代替父母活着的人。

(3)纠缠型亲子关系

生物学上有"外来物种"一说。一个外来物种侵入适宜生长的新地区后,其种群会迅速繁殖,并逐渐成为当地新的优势种,不断侵占其他物种的空间,破坏生物的多样性,加速物种灭绝,严重破坏当地的生态安全。

处于纠缠型关系下的父母正如"外来物种",拼命挤占女儿的时间与空间,把自我死死地捆绑在女儿身上,把女儿的行为作为测量自己优劣的标杆,导致女儿的"自我空间"越来越小。在他们的观念里,如果女儿表现良好,那就是父母的功劳;如果出了问题,则百分百是父母的过错。父母非但不能成为女儿的引路人,反而成了女儿的附庸,父母的自信完全建立在女儿的行为上。

(4)补偿型亲子关系

补偿型亲子关系的父母常常抱着补偿心理,有些是从女儿身上补偿自己幼年时无法满足的心愿,比如疯狂地给女儿买芭比娃娃与各种公主玩偶的妈妈,很大程度上是通过给孩子买玩具来变相弥补自己童年玩具的缺失;有些则是对孩子抱有愧疚,因而疯狂地通过

物质补偿孩子，比如不少远离孩子在外地工作的父母或是单亲家庭的父母。

在补偿型亲子关系内，前者是成年人以孩子的角色满足贪欲，后者则会因为溺爱导致孩子极端自恋、骄纵任性。

13. 打造平等的亲子关系

不同类型家庭培养出的孩子，有着不同的人格特征。

平等型家庭培养出的孩子，其人格往往优于溺爱型、放任型、矛盾型、专制型等家庭的孩子。从平等亲子关系的家庭走出来的孩子，多半开朗、自信、活泼，拥有积极的心态和富有创造性的思维，身心都很健康。

在一段理想的亲子关系中，家长和孩子之间应该建立起一种相互理解、尊重、信任、关爱的关系，孩子应该能够体会到父母的艰辛，能够感受到父母的亲情，能够分享到父母的智慧与才能。父母与孩子之间相互信赖，共同成长。孩子在理解、尊重父母的同时，能从父母身上汲取为人处世的道理和人生经验。

纵观前美国第一夫人米歇尔·奥巴马从普通家庭的女孩考入常春藤名校法律系就读，到被美国顶尖律师事务所聘用，再到成为美国第一夫人的传奇经历，可以看出，平等和谐的亲子关系对一个人的影响有多么重大。

米歇尔·奥巴马的父亲弗雷泽·罗宾逊是一位水管工，母亲玛丽安·罗宾逊则是一位家庭妇女。尽管家境并不宽裕，父母却十分重视两个孩子的培养，且始终以温和、平等、乐观的态度对待孩子。

尽管米歇尔的父母因种族问题受过不公，但他们却教育子女要积极乐观。"别告诉我们你不能做什么，也不要去担心什么事可能不如人意。"米歇尔回忆说，这是她的父母常挂在嘴边的一句话。

父母常常陪伴米歇尔和她的哥哥读书，下国际象棋，以及参加各项体育运动，把他们当成平等的伙伴，与他们分享对事情的看法，每天晚上家里都充满了欢笑。

在平等和谐的家庭中，米歇尔与哥哥充分展现着自己的天赋。

米歇尔曾经由一年级跳至三年级，中学时代考入芝加哥顶尖的惠特尼·扬高中，曾名列校内成绩最优等学生达四年（美国高中为四年制）。中学毕业后升读普林斯顿大学社会学系，1985年以一级荣誉毕业。1988年，米歇尔在哈佛大学法学院取得法律学博士学位。1989年，当时还默默无闻的巴拉克·奥巴马来到米歇尔任职的律师事务所任暑期实习生，已经是优秀员工的米歇尔被事务所指派督导他，成就了两人的缘分。因此，奥巴马曾多次公开表示，妻子比自己更优秀。

与妹妹一样，米歇尔的哥哥也颇有成就——同样毕业于普林斯顿大学，是校篮球队队员，现任俄勒冈州立大学篮球教练。

只有在尊重和信任的平等亲子关系基础上，家庭教育才能顺利地完成。

在家庭中，亲子关系较好，父母与孩子之间的沟通顺畅，孩子往往不需要父母督促便会主动学习。相反，亲子关系紧张的家庭，不管父母怎样逼迫、责打孩子，结果都常常事与愿违。这并不是孩子笨，而是亲子沟通的障碍导致孩子产生了逆反心理，叛逆心理又促使他不愿意按照父母的要求去努力奋发。

因此，父母若想让孩子听话，使用暴力或者命令的方式，都不会收到好的效果。只有蹲下来与孩子商量，听取孩子的意见与看法，才能取得孩子的认可，孩子对父母要求的事情才能够愉快地完成。

14. 最好的教育是时间的陪伴

人类历史上最伟大的幼儿教育家蒙台梭利说："儿童应该得到成人全部的爱，而不是成人忙于生活所残余的爱。"

好习惯的重要性不言而喻，习惯的养成需要父母付出大量的时间和精力。在儿童教育的过程中，没有什么比付出时间与耐心更有用。

可以这样说：最好的老师是父母，最好的教育是陪伴。

心理学研究证明，促使孩子在学习能力测试上得高分的，智商、社会条件、经济地位都不及一个更微妙的因素重要——经常与父母一起吃晚饭。在学校里，"问题少年"几乎毫无例外的都有一个不够温暖的家庭。至于留守儿童引发的问题，更是无一不和"缺少父母陪伴"有关。

20世纪六七十年代，在各种社会、经济以及科技因素的共同作用下，处于"二战"后经济腾飞中的美国人变得极其忙碌，越来越多的父母同时外出工作，使得全家很难聚在一起，就连坐在同一张饭桌前吃饭都变成了一件奢侈的事。在这种环境中成长起来的孩子缺乏父母的陪伴，变得非常叛逆，不但不听父母的话，还会刻意去挑战社会规则，带来了大量的社会问题。

20世纪80年代初期，一所教育研究机构的研究人员在对各种数据进行分析后发现，一家人一起吃饭，对孩子的健康和成功都有很大益处，那些经常和父母共进晚餐的孩子成功率比不和父母一起吃饭的孩子高得多。这是因为，父母的陪伴使得孩子感受到温暖，在晚餐中的交流使父母的教导自然流入孩子的内心，孩子因此变得更听话、更聪明。

此后，在教育机构的大力倡导下，经常一起吃晚饭的家庭越来越多，到2005年，经常和孩子一起吃饭的父母人数增加了23%。与此同时，社会上叛逆的孩子越来越少，成功的孩子越来越多。

这件事说明，最好的教育是时间的积累。父母花时间的用心陪伴，不但能为孩子在婴幼儿时期打下高智商、高情商的基础，更能因融洽的亲子关系让教育入脑入心。

我们提倡"富养女孩"，富养的核心从来不是用金钱的多少来衡量的，所谓的教育投资并非仅仅指用财富打造女儿，"富养"更多地指父母付出自己的时间陪伴孩子，用人格感染孩子，用心血浇灌孩子，这才是"富养"的精髓所在。

然而现今的实际情况是，家长肯为孩子花钱，却不肯为孩子花时间、花心思。父母们总是给孩子安排一大堆的学习课程，比如舞蹈课、礼仪课……美其名曰教育投资，却很少有时间陪在孩子的身边；父母总是以"赚钱都是为了给孩子更好的生活"为借口，然后把孩子丢给老人、保姆，又在孩子犯错误时责骂孩子不听话、不懂事；哪怕是那些能够天天回家陪伴孩子的父母，也常常顾着自己看手机、玩游戏，而忽视孩子渴望拥抱、期待陪伴的眼睛。这样的家庭教育，又怎么能教育出优秀的孩子？

15. 妈妈是女孩的模仿对象

妈妈是孩子来到这个世界上接触到的第一个亲人，从孩子第一声哭泣到第一次吃奶，妈妈都是最重要的角色。几个月大，孩子便会开始模仿父母的动作，稍大一些，孩子的行为举止、说话方式、走路姿势、心态等都会带上父母的痕迹。

而在父母影响孩子的过程中，同性间的影响又显得最为明显。我们常说，母亲是女孩的榜样，父亲是男孩的榜样，就是这个道理。

伊芙琳·兰黛夫人出生于奥地利的维也纳，并在纳粹统治时期跟随父母逃离欧洲。一路上，她和家人经历了战乱、逃难、身无分文，然而，颠沛流离的童年生活并没有给伊芙琳的心灵留下阴影，她个性开朗、充满活力。这是为什么呢？

伊芙琳说，当他们的船抵达美国纽约港时，她的母亲特意把她从睡梦中唤醒，让她一睹自由女神的风采，并告诉她，任何时候，自由与美好生活总是在前方。从此，兰黛夫人幼小的心灵被深深烙印下希望与自由——这样温柔的、来自于母亲的教诲，扫去了她心灵上的阴霾。

这段经历使她比许多人更懂得爱和关怀，铸就了她婉约温柔、独立坚强、坦率自由的个性。而这样美好的个性又使她不仅遇见了执手一生的爱人——雅诗兰黛集团创始人的长子莱纳德.A.兰黛先生，还教育出了极为出色的子女。

在伊芙琳逝世后，她的子女表示："在我们的成长过程中，母亲

是我们的指南针和力量支柱。无论是家庭还是公司，都为拥有她这样美好的人而感到荣幸。"

雅诗兰黛集团总裁兼首席执行官傅懿德先生说："伊芙琳是雅诗兰黛集团的心脏和灵魂所在，她是我们的价值观与文化的重要构建者之一。她充满活力、富有创造力、聪慧、与人为善、慷慨大方，并拥有非凡的人际沟通能力。她的热情感染了我们每一个人。"

可见，在教养女孩的路上，妈妈是女孩的第一个模仿对象，也是生命中最重要的模仿对象。一位美好的母亲，不仅能深深影响她的女儿，甚至会对女儿的后代也产生重要影响。

那么，如何做好女儿的榜样呢？

首先，在女儿遭遇失败时，妈妈要表现得坚强、绝不放弃，千万不要女儿还没放弃，妈妈已先表现出失望；更不要用刻薄的语言挖苦她，把她数落得一无是处。挖苦、数落、批评型的母亲，只会教育出极度自卑的女儿。

其次，母亲应懂得舒缓女儿的心情。比如，女儿要参加重要活动、重大考试之前，妈妈千万不要表现得比女儿还紧张，最好能轻松地对女儿说，你已经很出色了，爸爸妈妈像你这么大的时候还不如你呢，不要担心。活动、考试前夜，不妨在女儿床边陪伴入睡，给她讲笑话或是一起阅读女儿喜欢的书籍，做一些令身心愉悦的事情来疏解女儿内心的压力。

再次，母亲就算再生气，也要懂得控制情绪。比如，女儿放学回来告诉妈妈今天考试没考好时，妈妈一定不能发火或脸色阴沉。要知道，女儿本身就非常紧张、害怕，正紧张地观察着妈妈的脸色。所以，妈妈最好先安抚孩子，然后让她把试卷拿出来，和她一起认真分析试卷，总结正确的经验，弄清错误的原因。最后，还应鼓励她：你

看，你弄明白了，下次考试就不会错了，妈妈相信你可以。

最后，在女儿面前，母亲一定要表现出对孩子父亲以及其他家人的信任与爱，这会给女儿留下深刻的印象，成为她将来在爱情、婚姻中行为的重要参照标准，影响着她的终身幸福。

16. 爸爸是女孩的铁壁铜墙

被称为"铁娘子"的前英国首相撒切尔夫人曾动情地说：父亲教给我的自信和独立，是我人生中最强有力的武器之一，我的成功归功于父亲。

传记《铁娘子撒切尔》中写道，尽管家境普通，但撒切尔夫人的父母都以身作则地勤奋工作，从不懒散，坚持节俭而又不忘帮助生活困难的人。此外，父亲经常参加教会发起的慈善募捐，并且教导他的孩子们参与进来。在父亲的引导下，撒切尔夫人从很小的时候就立志要服务大众。

童年时期的撒切尔夫人经常能在饭桌上听到大人讨论战争和政治。父亲在"二战"期间担任过当地空袭报警员，还救过一名空军飞行员。因为父亲的言传身教，撒切尔夫人从小就有着强烈的爱国热情，她曾在竞选成功后表示："一切都要归功于我父亲，他教给了我所信仰的一切，而这些价值观正是我在竞选中为之奋斗的。令我感到振奋的是，正是这些我在一个小村庄里、在一个非常贫穷的家庭中所学到的东西，使我在大选中获胜。"

除了在崇高的精神理想上指引着女儿，撒切尔夫人的父亲深深影响着女儿的性格养成与才艺培养。

比如，撒切尔夫人回忆说，她的父亲是当地最有学问的人，兴趣爱好广泛，多才多艺，自己小时候每周都要从公共图书馆帮父亲带回一堆书。父亲陪着年幼的撒切尔夫人读课外书、学乐器、上演讲课，每周去一次市政厅会议，从会议辩论中获得教益。

在父亲的培养下，撒切尔的才华远近闻名。《铁娘子撒切尔》一书中写道："青年时期，她是个很棒的歌手、钢琴演奏家、获奖的诗歌朗诵者、步行者、业余演员和辩手。交际舞如同音乐、戏剧和绘画一样，也是她的挚爱。她总是那么让人着迷和起兴，是个绝佳的舞伴。她还是一名体育迷，不少体育专栏中还刊有她在温布尔顿观看网球比赛的照片。"

撒切尔的父亲还经常教育女儿要有主见、有理想，告诉她特立独行、与众不同最能显示一个人的个性，而随波逐流只能使个性的光辉淹没。

著名人格心理学家莱格说，任何一个人的身上既有男性特质，也有女性特质，只有平衡发展才是健全的人格。男性家长的热情、宽厚、敢于冒险、勇于坚持等特征，会让孩子在不知不觉中模仿和学习。这些与孩子从女性家长身上得到的关心他人、同情心、温和、善良等方面的品质结合起来，方能形成孩子较完善的人格基础。

与提供温柔安抚的妈妈不同，在女孩的教育中，爸爸象征着"牢不可破的保护"，他的强大让女孩知道，自己拥有世界上最牢固的后盾——爸爸。

除了感情上坚固的后盾外，爸爸在女孩的教育中还起着引领她的前进方向、决定她的思考深度、让她学会勇敢坚强，以及培养孩子的责任感、使命感等的重要作用。

耶鲁大学的研究表明，由男性带大的孩子智商高，将来走向社会

也更容易成功。这并不是否认妈妈的作用，但爸爸在孩子想象力、创造力方面的影响确实可以使孩子变得更聪明。

此外，对女孩来说，她也需要通过父亲来认识男人是什么样子的，未来两性关系发展时才不容易被欺骗、欺负。通过模仿父亲，女孩才能更加独立、坚强。

17. 适当忽视，让女孩更自主

因为爱，所以父母常常过度关注孩子；因为在乎，所以父母常常在孩子遇到问题时表现得很焦虑；因为女孩先天的娇柔，父母对女儿更加关注，不舍得她受一丁点伤，什么都想为她安排好。

其实，如果我们在教育的过程中，不那么"紧张"，适当"忽视"一下，也许教育效果会更好。

我们都有过这样的体会，孩子刚出生的时候，如果整天抱着，孩子就容易变得"娇气"，一旦没被抱着就会哇哇大哭；孩子学走路时，如果一摔倒家长就奔过来抱起安慰，孩子就变得不那么容易学会走路。反之，当我们适当"忽视"孩子，则他们更能禁得起"摔打"，反而会更加坚强。

美国总统唐纳德·特朗普的女儿伊万卡·特朗普家境豪富，美貌过人，她却并没有因此成为娇纵的富家女，反而凭借能力成为纽约房地产巨鳄特朗普集团副总裁。

在教育孩子的问题上，伊万卡的父母高度一致——适当忽视，培养独立性。从她幼年起，她的父母便只提供生活费和教育费，其他费

用则需要自己打工赚取，过分的要求从来都被父母直接忽视。

她的父亲说："我们给她生活费，但绝不会让她要风得风，要雨得雨。"她的母亲则只肯给她提供学费，其他一切费用都要她自掏腰包。如果她想手上多几个零钱花，就必须自食其力。伊万卡说："我不得不去挣钱，因为除了学费外，其他一切开支我都得自个儿掏腰包，妈妈甚至还让我付电话账单呢。"

因此，伊万卡上高中时就开始打零工，16岁时凭着高挑靓丽的外形和自身的努力，在精锐模特管理公司找到了一份模特的兼职。

大学毕业后，她勤奋积极地工作，为了调查酒店业竞争者的情况，每个月都要在其他酒店住上一晚。她的日常生活就是坐着飞机奔波于各地，参加商业会议，经常一天只能睡上四个小时。就连她最喜欢谈论的话题，也不是名牌时装，而是商机或读过的新书。

适当忽视可以促使人自信、独立、行动力强，拥有良好的社交能力，以及对风险的客观评估能力；适当忽视孩子，孩子才可能找到属于自己的自由和使命，孩子自己的生命能量才可能真正释放。

当然，适当忽视不等于漠视或者无视孩子，不是在孩子需要时也不理睬他。从心理学上说，我们可以将"适当忽视"定义为"良性忽视"，也就是在心态上保持放松，不要包办一切，学着在教育中"放手"，让孩子自己解决问题，家长提供必要的保护但不参与解决过程。

18. 每一个懦弱的女孩背后，都有一个强势的父母

强势的父母并不等同于强大能干的父母。强势父母指的是用自己的意志控制家庭和孩子的父母。这样的父母常常具有如下特征：自以为是、颐指气使、指手画脚、吹毛求疵。

他们的惯常行为包括：孩子必须听父母的，凡事父母说了算；严密监视孩子的一举一动，对其行踪和行为了如指掌；对孩子的生活横加干涉，无端操纵其私生活。

强势的父母，会在很多事情上不由自主地代替女儿做主，不管不顾女儿的感受，缺乏对女儿的基本尊重。他们总是认为孩子涉世未深、年幼无知，总是认为自己的想法和决定是最正确的，要求女儿必须无条件服从和接受。强势父母教育出来的孩子往往缺少主见，像提线木偶般可悲可怜。

与反抗性更强的男孩不同，遇到强势的父母，女孩往往选择顺从。而心理学家指出：

"如果一个人总是服从他人的意志，他就会接受别人对自己的定义，就会相信别人对自己的评价比自己要更真实。一个人一旦总是通过别人的观点来认识自我，就会让自我认识变得模糊，自我性格变得懦弱，这样的人非常危险，当条件成熟时就会发生人格分裂。"

由于在家里受到父母的强势管理，女孩到了学校或者长大了走向社会，当遇到需要她去解决的问题时，就会变得软弱无能，畏首畏尾，逃避现实。

如果女儿长期处在强势父母的高压下，女孩就会在体重、身高、

动作等方面发育较慢，并存在诸如焦虑、自控能力弱等情感障碍，性格方面也会变得懦弱、胆小、孤僻、自卑。

那么怎样才能避免做强势的父母呢？

首先，在跟女儿说话时，语调应尽量柔和。

我们可以关注一下自己平时跟女儿说话的语气与表情。

女儿有时会问："你是不是生气了？"你一边说没有，一边紧绷着脸。那么，即使她年纪很小，她也能很快分辨出你在讲话中所要传达的真正意思和态度，而感到彷徨无措。

所以，在跟女儿交谈的时候，语调要柔和、关爱，以平等的口气进行朋友式的交流。

其次，要少使用"要……""不许……"等词汇。

大多数父母对教育的理解就是告诉孩子哪些事情是可以做的，哪些事情不可以做，总是希望能利用一切机会向孩子灌输道理。从表面上看，这似乎没有什么错误，可事实是，强势的父母在用自己的意见埋没女儿的想法，这样既不容易走进女儿的心，也会使亲子关系变得紧张。

再次，多倾听少指导。

很多时候，孩子只是需要倾听者，而非指导者。父母只需要在她倾诉心事时认真地倾听，表示我理解你、我支持你，她就会觉得很开心。

19. 跨越代沟的障碍

帕洛玛·毕加索是20世纪最伟大的艺术家之一——巴勃罗·毕加索最小的女儿。从1980年帕洛玛设计出的首个珠宝Xs系列，她就以简约但不乏新意的设计影响了珠宝行业几十年。她用手写字母方式打造的"Love"项链,至今已经拥有上百万份模仿者。1988年,她被时尚集团赞扬为"对珠宝行业产生非凡影响的女人"。

在她的人生道路上,父亲是给她影响最大的人。或许因为她是父亲的小女儿,父亲对她格外宽容,在她面前从来不摆长辈的架子,而是以平等的态度与她相处。

父亲把她当成朋友,与她交流、沟通,陪她一起玩耍、看书,与她一起画画、欣赏艺术品,为她取得的每一点进步欢欣鼓舞。

除此之外,父亲还总是试着了解年轻人在想什么,以便更好地与帕洛玛交流,不至于在女儿面前显出"代沟"。

所谓的代沟是指两代人因价值观念、思维方式、行为方式和道德标准等方面的不同而带来的思想观念、行为习惯的差异。这些差异导致两代人在解决问题方式、评价问题标准等方面会产生大量的分歧。

心理学家认为,一个人10岁之前是对父母的崇拜期,10~20岁则是对父母的轻视期。也就是说,进入青春期后,女孩与父母逐渐产生代沟是普遍的现象。

代沟的产生可以从女孩自身与父母两方面找原因。

从女孩自身看,随着生理的成熟和心理的发展,她感到自己逐渐向成年人靠近,并渴望独立,渴望得到成人和社会的承认,希望在家庭中处于一种"大人"的地位。然而在父母的眼里,女儿依然是当初那个全心依赖自己的、尚未绽放的"花骨朵"。父母不放心女儿而进行的管教,在女儿眼里代表着"啰唆""难以沟通""落伍"。

从父母看,两代人成长的社会环境不同,适应环境变化的能力也不同。父母的世界观和人生观可能和女儿的想法相去甚远,两代人之间因此出现摩擦。一些父母忙于工作,很少有时间与女儿沟

通，缺乏情感和思想的交流；一些父母控制欲较强，没有给孩子足够的尊重和信任，不分时间、场合，不讲方式，不问情由地唠叨说教、批评指责；还有些父母不从女儿的实际情况出发，对她寄托的希望不断升值，要求女儿实现自己未完成的理想，这些都加速了代沟的产生。

如何才能跨越代沟的障碍呢？

虽然说沟通需要双方共同的努力，但一般来说，处于青春叛逆期的女孩很难首先体察到父母的苦心，所以我们做父母的，最好能先"跨步"，主动跨向女儿。

想要跨越代沟，父母应蹲下来跟女儿说话。当父母在心理上与女儿完全处于平等时，女孩才会把真实想法告诉父母。在相同的高度中，她从父母视线中看到浓浓的爱与尊重，才能认真听父母讲话，也更愿意倾诉自己的内心想法。

此外，父母不要试图在所有的事情上"大包大揽"，总想代替孩子做出所有决定。父母不妨大胆让女儿尝试新鲜事物，告诉她即使失败也是可贵的经验。

最后，父母不妨多了解一些孩子们感兴趣的东西，这样在交流的时候，女儿才会觉得"我的父母真潮"，才会愿意向父母敞开心扉。

20. 让女孩更有"安全感"

风华绝代的戴安娜王妃曾说，她这一生并不幸福。究其原因，她不幸的源头便是童年安全感的缺失。

戴安娜的父亲是子爵，他需要一个能继承自己爵位的儿子，而戴

安娜的母亲却一连生下好几个女孩儿。这导致父母关系长期疏远，母亲经常受人歧视，父母与几个女儿的关系也极为疏远。

戴安娜3岁时，母亲总算生下盼望多年的男孩。但是，父母长期关系的疏远早已酝酿着婚姻的危机，女儿们更是生活在随时可能离开父母的恐惧中。

戴安娜8岁那年，父母正式离婚，母亲失去了戴安娜的抚养权，父亲则娶了一个不爱戴安娜的后母。一年后，父亲把戴安娜送到离家两小时车程的一所学校寄宿，长年累月不与她见面。这使她有一种被抛弃的感觉，对她以后的成长有着重大的影响。

所以，尽管嫁给了查尔斯王子，成为全世界最有名的王妃，她却依然表现得不自信，总是觉得自己不够美、不够瘦，并患上了贪食症。而贪食症，通常与抑郁症形影不离。

查尔斯王子曾向友人抱怨，在蜜月的游轮上，戴安娜每天都要经历好几次暴食又催吐的过程。以至于查尔斯回忆起蜜月，记得的都是呕吐的声音。

所谓安全感，就是人在社会上产生的一种稳定的、不害怕的感觉。如果有任何东西让你感觉到恐慌和不安，那么你就开始缺乏安全感，恐慌越大，安全感越匮乏。焦虑就是缺乏安全感的最大表现，你对现在和未来某方面的焦虑，正展示着自己在这方面的安全感的缺失。

安全感在人一生的成长中极为重要，不可或缺。

人本主义代表人物马斯洛将人类需求从低到高分为5层，分别是：生理需求、安全需求、社交需求、尊重需求和自我实现需求。

情感心理学也认为，先有安全，后有感觉。在感情的世界里，安全感是首要因素，在有安全感的前提下，爱才可能产生。

那么，孩子的安全感来自于哪里呢？

德裔美国心理学家和精神分析学家卡伦·霍妮在《精神分析新法》一书中说：

"儿童在早期有两种基本的需要——安全的需要和满足的需要。这两种需要的满足完全依赖于父母，当父母不能满足儿童这两个需要时，儿童就会产生基本焦虑。父母给孩子的爱、真诚、尊重的程度，决定着孩子对人产生安全感的程度，也直接决定着孩子长大后对人的态度，以及别人对他建立安全感的容易程度。在一个容易吵架或冷漠的家庭里长大的孩子，对亲密关系建立的安全感会十分微弱。"

怎样才能让孩子特别是幼小而敏感的女孩感觉到安全呢？

安全感来自于温暖的亲子关系，孩子们只有被那些感觉到安全的人看护才会觉得安全。心理学家认为，健康的亲密关系包括4个"S"：Safe（安全）、Seen（被看到）、Soothed（抚慰）和Secure（牢固）。若一个孩子总是被父母羞辱、责骂，她就会觉得不安全，并且慢慢失去原本拥有的自我意识。

父母对女儿应持有的态度是：我看得到你，我看得到真实存在的你，我接纳真实的你，并且无条件地爱你。

在女儿表现出陪伴需求时，及时出现在她的面前，而不要说什么"我们要锻炼你的坚强所以漠视你"；在女儿需要支持时，父母能支持她找到自己独一无二的兴趣，不断尝试和突破；在女儿失败、遭遇挫折时，父母能让她觉得"父母会听我的倾诉，并给我正确的指引"——这些都会帮助女孩建立起强大的安全感。

21. 欣赏比苛责更有效

成人教育之父卡耐基曾说:"苛责是危险的,它常常会伤害一个人宝贵的自尊,伤害他的自重感,并激起他强烈的反抗。由苛责所引起的嫉恨,只会降低对方的士气和情感,同时批评的事情也得不到任何改善。"

然而在实际生活中,我们这些家长经常犯的一个错误就是,专注于发现孩子身上的缺点,忽略孩子身上的优点。就像一张白纸,我们总是容易看见上面那个针尖大的黑点,却对大面积的白色视而不见。

大多家长之所以会这样,是因为我们的出发点都是为了自己的孩子更优秀,为了帮助孩子找到错误,以便不断改进。于是,我们总是发掘着"别人家孩子"的优点,并拿来和自家孩子的缺点比较,然后批评自家孩子做得不够好。

尽管我们的出发点是好的,但实际上,在教育孩子的过程中,苛责并不能带来孩子的进步,相反,欣赏远远比苛责更有效。

每一个孩子都是独一无二的个体,苛责则往往会磨灭孩子的个性,刺激孩子的自尊和自信,让孩子失去成功的信念,越发胆小和自卑。你说孩子笨,孩子不会因此而变得聪明。长期强化孩子的"我是笨蛋"的意识,孩子会背上沉重的包袱,失去信心和勇气,产生消极沮丧的心理,学习能力下降——这就是心理学上的"诱导性智愚症"。

相反,恰到好处的欣赏,可以影响一个人,甚至改变一个人的命运。

台湾作家林清玄做记者时,曾报道过一个小偷作案手法非常细腻,犯案上千起。文章的最后,林清玄情不自禁地感叹:"心思如此细密、手法那么灵巧、风格这样独特的小偷,做任何一行都会有成就的吧!"

20年后,在一次偶然的邂逅中,一位羊肉火锅店的大老板诚挚地对林清玄说:"您还记得我吗?我就是当年那个小偷。你那篇特稿,打破了我生活的盲点,使我想,除了做小偷,我怎么没想到过做正当的事也行呢!"

林清玄不曾想到,他20年前无心写下的欣赏之语,竟影响了一个青年的一生,让他脱胎换骨,重新做人。如果我们也可以不断用欣赏的目光来发现孩子的优点,对我们的孩子不吝赞美,他们又会取得怎样的成就呢?

席勒曾说:"我们总是希望得到别人的赞扬,同样我也非常讨厌别人的指责。"孩子更是如此,请大家仔细地回想一下,当孩子得到父母欣赏时,她的脸上会露出怎样的笑容?再对比一下当你批评她时,她又会怎样的消极、失望——两者间的反差显而易见。

欣赏是对孩子最好的肯定,是调动孩子学习积极性、培养孩子学习兴趣的最佳途径。但并非所有的欣赏都是有效的。

如果我们盲目夸奖孩子,不论她做什么都说"我家女儿最棒啦""其他小朋友都比不上你"之类,这并不能帮助她认识到自己的优点到底在哪里,反而会使她变得骄傲自大。

所以,欣赏的方法是很重要的,欣赏应该有的放矢。

所谓有的放矢就是发现孩子在做一件事时表现出的某种可贵品质,并且进行具体的表扬,在表扬中指引她可以进一步强化的方向。

比如,孩子学习的时候,虽然花了很长时间想一道题目,但最终

做出来的结果却是错的,这时候,我们一方面应表扬她的耐心和专注,欣赏她有毅力、不放弃的品质,通过欣赏来强化她的这种意识,使她在今后的学习生活中能始终保持这种品格;另一方面,也要帮助她找到自己错误的原因并加以改正,使她真正有所领悟、有所收获。

22. 用父母的情绪感染女孩的情绪

有妈妈在朋友圈里感慨:"刚刚打了女儿,真心后悔。后悔让幼小的女儿成为我情绪不稳定的牺牲品。"

很多时候,我们打骂孩子不是因为孩子的错误有多严重,而是父母的情绪需要一个宣泄口,孩子默默充当了父母的出气筒。

那么,我们为什么控制不住自己的脾气?

仔细回想,你会发现这跟自己的童年息息相关,跟你的原生家庭紧密相连。

什么样的土壤开出什么样的花,小时候父母为人处世的方式、情绪的表达无一不影响着我们性格脾性的形成。火暴性子的父母养出火暴脾气的孩子,温和的父母养出温和的孩子,情绪起伏波动巨大的父母养出喜怒无常的孩子。

父母的情绪对孩子情绪的影响到底有多大呢?

众所周知,现任英国女王伊丽莎白二世的父亲乔治六世患有严重的口吃。而他的口吃,源于小时候父亲的过分严厉。

乔治六世有位严厉且强势的父亲,极少向孩子们展露出和悦的颜色和乐观的情绪。父亲热爱集邮,便要求孩子都集邮,不允许孩子有其他爱好。一旦孩子表露出自己的其他喜好，则会引来父亲严厉的斥责。

乔治六世之所以口吃，是父亲指示导师纠正他的左撇子所引起的间接后果。对父亲长期的恐惧心理是导致其口吃的最重要原因。

在他最初口吃的时候，他的父亲表现出的情绪很是极端。在两遍不成功的教导后，常常就劈头盖脸地骂过去，将乔治六世斥责得体无完肤。

一个原本并不严重的口吃问题，被父亲焦虑、严厉的情绪影响着，变成了真正的问题，导致乔治六世的口吃越来越严重，且再也无法纠正。

历史记载，即位之前，乔治六世曾经代表父亲进行广播演讲。当红色的信号灯闪过三次后，他艰难地张开嘴，双唇颤抖，喉头却难以发出任何声音。

很多父母不明白，成长就是一个由犯错到改错、由叛逆到懂事的过程。他们打着爱的名义，用父母的权威斥责孩子，期待孩子能够言听计从。一旦孩子有自己的想法并且固执地坚持或是孩子犯了小错，就会威胁吼叫，暴跳如雷。这样的家长能教出怎样的孩子呢？

要知道，带着情绪的教育是最无用的教育。你在吼叫女儿的时候，心理保护机制会让女儿进行自我保护，她的内心是封闭的，她根本听不见你的教导。

家庭是一个人最重要的成长环境。这个环境中人与人之间的情绪是可以相互感染的。

为了培养出情绪稳定且乐观的女孩，我们必须做到两点：一是让孩子看到父母的相亲相爱，二是父母对女儿表现出温柔、乐观且稳定的情绪。

大量的调查表明,父母情绪稳定,家庭会更加温暖,才能给孩子安全感。相爱的父母,会给家庭带来温和、美好的舒适情绪。假如父母不再相爱、天天争吵,即使他们面对孩子时温柔可亲,孩子也会感到害怕、不安。

如果父母长期情绪不稳定,喜怒哀乐变化无常,女儿就会变得易怒易躁、心绪难宁,轻则影响孩子正常的人际交往,重则可能演变成边缘性人格。在父母的吼叫、伤害中成长的女孩,内心充满恐惧,导致各种心理问题。

为了可爱的女儿,我们要学会掌控和调整自己的情绪。即使在外面受了刺激,也不要把情绪带回家中,更不要让女儿成为自我情绪宣泄的"垃圾桶"。

面对女儿,我们应表现出乐观、稳定的情绪状态,用平和冷静的态度感染孩子,从而培养出具有平和、乐观情绪的开朗女孩。

第三章
不吼不叫,为女孩创造美好未来

23. 不要过分"望女成凤"

中国自古以来就有"望子成龙""望女成凤"的传统，父母总是希望自己的孩子出类拔萃，成为人中龙凤。

但是，这样真的好吗？

我们要看到，"望子成龙""望女成凤"的背后，是一大群过分"焦虑"的父母。

孩子贪玩不吃饭，父母焦虑；孩子只吃零食不吃正餐，父母焦虑；孩子学习不认真，父母焦虑；孩子学习认真但成绩不好，父母焦虑；孩子学习成绩优秀但才艺不够，父母焦虑……

我们常常看到，有些家长因为太渴望女儿成才而做出过激行为。比如，女儿外在条件不错，立刻希望她各方面才艺俱佳，给她报大量的才艺辅导班，要求她舞蹈、乐器、绘画、书法样样精通。又比如，有些家长觉得读书是唯一的出路，于是给女儿制订严苛的学习计划，一旦考不到家长满意的分数则斥责打骂。

在我们身边有许多这样的家长，以爱的名义做着伤害孩子的事情，还口口声声说着我是为了你好，长大后你就会明白。这到底是在尊重孩子的基础上为女儿的未来考虑，还是你绑架了女儿，让她实现你的心愿？

这些所谓的"望女成凤",只会让女儿在心理上走极端,变得极度不自信。在"望女成凤"式父母的强烈控制与持续摆布下,女儿不会把学习当作自己的事情,而是把学习当成苦差事,能躲就躲,能拖就拖,最终变得逃避成绩、欺骗家长。

而如果我们把心态放平,不再对孩子进行过高的要求,让她自由地发展,又会怎样呢?

戴尔·卡耐基是美国现代成人教育之父,西方现代人际关系教育的奠基人,被誉为20世纪最伟大的心灵导师和成功学大师。

在卡耐基63岁时,他的第二任妻子桃乐丝为他生下了一个女孩,取名唐娜·戴尔·卡耐基。

作为一个成功者唯一的女儿,按说唐娜的人生应该被父母严格规划,以促使她成为人中之凤。

然而事实上,戴尔·卡耐基并没有这样教育女儿,反而从小鼓励女儿自由发展,做自己想做的事情。他充满耐心地陪伴女儿玩乐,发展自己的兴趣爱好,却不对女儿提出过高的学业要求。

在戴尔·卡耐基的鼓励下,唐娜成了一个活泼开朗的女孩。她并不如父亲那样优秀,却一生都十分幸福,是一位真正的快乐者。后来,她继承父亲的事业,成为美国卡耐基训练董事长,用自己的性格感染着别人,给成千上万的人带去了积极、乐观、正面的人生影响,成为改变无数人命运的"快乐使者"。

要避免成为控制欲强的"望女成凤"式父母,首先要拥有丰盈的自我价值,拥有努力奋斗的事业与充实的兴趣爱好,而不是"我的眼里只有孩子",成天围着女儿打转。父母如果对自己的事业充满热情,孩子自然会受到感染和鼓舞,从而在自己的生活和学习中努力奋斗,

这比父母逼迫她学习有效得多。

其次,父母应积极鼓励孩子,告诉她,无论她的成绩如何,只要她健康、快乐,是一个善良乐观的人,父母就会很高兴。在这样的自由教育下,女儿反而会因为爱父母而愿意更发奋,让父母看到自己最好的一面。

24. 用父母的尊重换女儿的信任

常常有父母抱怨:我家女儿在同伴面前无话不谈,却在我们面前一言不发,什么想法都不肯告诉我们。

这说明什么呢?这一方面说明女儿大了,对同伴的需求自然胜过对父母的需求;另一方面也说明,女儿不信任父母,不愿意向父母倾诉。

那么怎样才能换来女儿的信任呢?

我们说,信任是双向的。只有父母尊重、信任女儿,女儿才会同样尊重、信任父母。

希拉里·克林顿小的时候,母亲总是告诉她:"别人是别人,你是你。你可以有自己的想法,不管别人怎么做。我跟别人不一样,你也跟别人不一样。我们相信你能做好自己。"

因为父母的尊重与信任,希拉里总是把生活中遇到的事情详细告诉父母,信任父母并相信父母可以引导自己。

她的父母从不曾试图强迫她去做什么,或成为什么样的人,他们只是鼓励她奋发向上,尊重她的选择,告诉她父母相信她。而这样的

教育，成就了她的成功。

对女儿的尊重是了解女儿最好的途径。如果父母尊重了自己的女儿，女儿反过来也会尊重父母；当父母想了解女儿的想法时，她才会大胆地告诉父母。

如果父母经常和女儿商量事情，征求女儿的意见，女儿会觉得，父母尊重我、相信我，所以我也应该尊重他们的决定。那么，一旦女儿需要做一项决定，她也会主动跟父母商量，征求父母的意见，而不是隐瞒父母，一意孤行。

那么，如何在生活中让女儿感受到父母的尊重，从而信任父母呢？

首先，关于孩子的事情，交由她自己决定。

遇到与孩子密切相关的事情时，应该主动征求她的意见。对她说："孩子，有件事和你密切相关，我们觉得你可以自己拿主意。当然，我们也会帮你参考、分析。"

父母千万不要忽略和压制孩子的想法，即使她说得不对，即使她的决定幼稚可笑，也不要嘲笑和打断她；不要总是以大人的思维来要求她，而应该让她勇敢表达自己的意见，做出自己的选择。

尊重孩子的意愿，遇事让孩子做决定，不仅是因为孩子有权知道自己的事情，更是对她的分析和判断能力的赏识，相信她有能力分析和决定自己的事情。

其次，家里的其他事务，与孩子一起讨论决定。

当遇到关系到整个家庭的大事时，应该让孩子知道，并鼓励孩子发表自己的意见。告诉孩子："这件事非常重要，你作为家里的一分子，有什么想法吗？"

父母应该随时记住，孩子是家庭中的重要成员，家里的事情应主

动征求她的意见;当她对父母的决定不满或者反对的时候,应该心平气和地给她解释父母为什么这样做,争取她的理解,而不能强制服从甚至恐吓。

尊重孩子的意愿,让孩子有知情权和参与权,这样才能让孩子感觉到她在家庭中的重要性,从而建立对家庭的责任感,培养她的主人翁意识和大局观。

最后,在日常生活中,父母应有意识地引导孩子思考人生和社会。

孩子懂事以后,便开始思考这个世界,思考她遇到的每一件事,并逐渐产生自己的想法和观点。当女孩尝试对人生和社会发表意见和想法,她便有了自己独立的思考意识,这是非常可贵的。无论孩子的观点是否幼稚,父母都应对她的行为表示积极的赞赏,这可以进一步锻炼孩子的思考意识和表达能力。此外,父母可以通过倾听孩子的观点,发现和了解她的真实想法,从而及时纠正她在成长过程中的一些错误思想。

25. 父母的肯定与鼓励至关重要

美国心理学家威廉·詹姆士说过:"人类本质中最殷切的需求是渴望肯定。"

积极心理学研究证明:鼓励能调动人的积极性,激发孩子的自尊心和上进心,从而变成一种巨大的精神力量,促使其更加刻苦用功和不断提高。

弗洛伦丝·巴斯科姆1862年出生在马萨诸塞州。她的父亲约翰·巴斯科姆是威廉姆斯学院的教授。

弗洛伦丝小时候便表现出对地质学的喜爱，常常在山间徜徉，流连沉迷于不起眼的石头、泥土。

别人说，这是一个奇怪的女孩。她的父母却认为，应该尊重孩子的兴趣。父母肯定了弗洛伦丝的爱好并鼓励她继续钻研下去。父亲见女儿如此喜欢地质，还邀请了一位地质学家朋友与他们父女一起郊游，在郊游中，这位地质学家朋友详细耐心地为弗洛伦丝讲解着各种地质学知识，从而照亮了弗洛伦丝前进的方向。

进入威斯康星大学后，弗洛伦丝毫不犹豫地选择了地质学专业进行更深入的学习，并最终获得地质方面的博士学位。1901年，她成为第一位进入美国地质调查局（USGS）的女性，专攻阿帕拉契山脉与大西洋滨海平原之间的山麓高原。1906年，她被评价为最伟大的地质学家之一，成为美国国家研究委员会和美国地球物理学会成员。

因在地质学上的卓越成就，弗洛伦丝·巴斯科姆被誉为"帮助人们理解山脉如何形成的人"。

可见，对于一个孩子的成长来说，父母的鼓励与肯定至关重要。

学习的最大敌人不是成绩差，而是"厌倦"，每个孩子对待学习都有上进心，都想好好表现，可家长过高的要求常常让孩子觉得："我即使再努力，也无法达到父母的要求，索性放弃吧。"久而久之，孩子在学习中丧失了自信心和成就感，变得不思进取。

而如果我们时常提醒自己"今天我肯定我的孩子了吗？""今天我鼓励我的孩子争取进步了吗？"那么孩子就会因此受到鼓舞而不断前行。

具体而言，我们可以这样做：

首先,换个角度看孩子,把孩子的缺点变成优点。

很多时候,家长都会过多地关注孩子身上的缺点:调皮、胆小、自卑、表达弱、虚荣……其实,我们可以换个角度看:孩子运动能力强、谨慎、谦虚、谨言、有荣誉感……

其次,肯定要具体。

只是泛泛地肯定孩子"很棒"是不够的,还要具体告诉她哪些地方很棒,要坚持;哪些地方做得还不够,可以继续努力。在肯定与鼓励下指导她,她会很容易接受。

再次,在孩子失败时,及时肯定与鼓励很重要。

失败是通往成功的捷径。孩子失败时,我们要学会包容她的失误,帮助她分析原因,力争下次成功。在充分理解孩子的基础上,激励她,让她学会在逆境中前进。这种逆境中的激励,是一种更大的信任,是一种必不可缺的肯定。

最后,肯定与鼓励不代表不批评。

肯定并不排斥批评,该指正的问题要及时指正,该批评的错误特别是道德错误也决不能迁就。但我们运用批评时,一定要讲究艺术,要让孩子感觉到,自己其实不差,只需要努力改正掉小小的错误,就能变得更好。

26. 父母在教育上保持言行一致

孩子是父母的镜子,家庭里的每一个成员,都是孩子的第一教育人。家长的言行潜移默化地影响着孩子,决定孩子的言行。

我们教育孩子,总是要求她讲文明、懂礼貌、尊老爱幼、学会分享，等等——所有单纯美好的品行，我们都希望孩子做到。然而，我们有没有想过，孩子眼中的我们，有没有做到这些呢？如果自己本身做不到，又如何让孩子明白这些是一个人必备的品质呢？

人称"安哥拉女王"的恩戈拉·恩津加·姆班因顽强抗击葡萄牙侵略者而被喻为"非洲的贞德"。在她的成长中，父亲起到了决定性影响。

她的父亲恩达姆比国王，是个有民族气节、刚毅坚强的君主。父亲常常教导儿女要坚守民族大义、热爱祖国、为国家奉献自己的一生，并以实际行动让孩子们知道，父亲告诉他们的，都是父亲自己真正做到的。

恩达姆比国王执政的年代，正是葡萄牙殖民主义者疯狂向安哥拉进行渗透和扩张的时期。无数类似的小国向葡萄牙屈服投降，而恩达姆比国王却领导姆班杜人奋勇反抗。在思戈列米战役中，恩达姆比国王率领勇士们把葡萄牙赛拉奥总督指挥的敌军，打得抱头鼠窜，逃回了罗安达。恩达姆比国王领导人民同葡萄牙侵略者进行了长达30年的顽强战斗，使侵略者始终未能入侵到安哥拉的中心。

长期跟随父亲作战的恩戈拉，不仅经受了锻炼，增长了军事和外交方面的才干，还在父亲的言传身教中懂得了何为"大义"。

父亲去世后，在恩戈拉女王领导下，马汤巴成了安哥拉地区势力最强大的反葡萄牙基地。此后20多年中，葡萄牙殖民当局多次派出远征军，向马汤巴发动疯狂的进攻，但都遭到迎头痛击，始终未能攻进。1654年，双方缔结了《和平协定》，葡萄牙殖民当局不得不放弃对马汤巴的军事征服。英雄的马汤巴人民，在女王恩戈拉的领导下，用弓箭、长矛、鲜血和生命，捍卫了自己的独立。

时至今日，恩达姆比国王与恩戈拉女王抗击葡萄牙殖民者的英勇

事迹，还在安哥拉人民中间广为流传。父女俩的光辉形象，像高大的丰碑，永远矗立在安哥拉人民的心中。

有些父母总抱怨孩子说话不算数，却没有考虑，自己是否言行一致。一旦父母不能做到表率，孩子可能会觉得不遵守诺言也没什么大不了的。

儿童的成长过程，是一个自我认知系统的建立过程。如果在同一件事上，大人说的与做的不同，或者父母两人的观点相反，孩子内心就会产生疑问，不知所措。这极不利于儿童构建统一的认知环境。

现今很多父母一面教给孩子一些做人处事的大道理，一面在遇到事情时又反对孩子践行这些道理。这种虚假的家庭教育既降低了父母教育的可信度，也混淆了孩子的是非观。

所以，在教育孩子的过程中，言行一致原则极为重要。

27. 聪明的父母不啰唆

某小学公布了《"问题学生"调查报告》，调查结果让人惊讶不已——

在回收的2000多份调查问卷中，认为父母不啰唆的学生不到100个，95%的孩子觉得父母啰唆，有的学生还在一旁补加了"超级啰唆""一件事情要说好几次"等。绝大多数学生表示：父母越是啰唆，我越不想听他们的，觉得他们很烦。

家长啰唆竟取代了父母离异，成为"问题学生"产生的最主要原因。

有人说："成功的孩子成功在妈妈的心里，失败的孩子失败在妈妈的嘴里。"父母的啰唆容易使孩子反感，认为父母不值得尊重，进一步就会顶撞父母。

而与孩子的反感形成鲜明对比的是，绝大多数家长对自己的啰唆毫无知觉，普遍认为家长的啰唆是对孩子的爱和责任，认为孩子还小，必须时刻敲打、时刻提醒，才能促进其成长。

其实，认为啰唆了孩子才能成长，这只是家长的一厢情愿。现实是，如果父母啰唆，孩子长期被唠叨，在负面情绪的影响下他们就会"选择性失聪"，从而对父母的教育产生厌烦和逃避心理。

聪明的父母不啰唆。会教育孩子的父母，是宽容、宽松、宽厚的，而不是对孩子做的每一件事指手画脚。好父母会尊重孩子，变"说"为"听"，只对孩子提出原则性建议，这样才能获得孩子的信任和认同。

啰唆的根源常常在于父母的焦虑。虽然适度的焦虑对人有好处，但父母不能将自己生活中的压力和不得志，转嫁到孩子身上。在女孩的成长中，父母过高的期望与啰唆的话语都不可取，只有情绪轻松的父母才能使孩子降低"心防"，听得进意见。

啰唆除了容易引起孩子反感外，还有一个显而易见的缺陷是：在啰唆的话语中，无效信息太多而淹没有效信息，反倒导致孩子记不住家长的提醒。

啰唆在表现上就是说车轱辘话，这是家长思维混乱、没有重点的表现。长此以往，孩子也会分不清轻重缓急，直接影响到孩子的思维方式。

如果父母比较啰唆，事无巨细都对孩子反复强调和叮嘱，不仅会使孩子听到后面就忘记前面，也会因为话太多而淹没"信息重心"，孩子不知道到底什么是重点，越发记不住父母的教导。

所以，聪明的父母不啰唆。他们或是用言简意赅的话语给出孩子指引，或是用写纸条的方式，将重点一目了然地写在纸上告诉孩子。

那么，如果孩子已经嫌弃你啰唆了，可以怎样改正呢？

我们不妨试试"分时说话法"。也就是说，当自己有情绪而不停说话时，有意识地拿出手机给自己计时，说到一分钟就不再说，把其他的话咽下去，并告诉孩子她现在有说话的权利，请她来谈一谈自己的看法。这样做不仅能给孩子留下解释的时间，也能帮助父母调整情绪，反思自己后面要说的话是否是对前面话的重复啰唆。

28. 发展女孩的自然天性

卢梭的《爱弥儿》是教育界惊天动地的巨作。在本书中，卢梭通过虚构的主人公爱弥儿从出生到成人的教育历程，系统地阐述了他的"自然教育理论"。

纵观全书，他无时无刻不在提醒世人要关注儿童的天性与教育的关系，认为教育必须从适应儿童天性的自然发展开始。他的教育思想影响深远，为后来的教育事业以及教育家们提供了宝贵的经验。

天性，就是儿童的先天属性，"天"指先天具有的，即通过遗传获得的各种生理表现，"性"指事物的状态、特点或质性等。天性是自然对儿童发展的规定性，也是儿童身上的自然属性。发展女孩的自然天性，她的生命才能更舒展，她的潜能才会被充分激发出来。

1968年，3岁的女孩伊迪丝指着礼品盒上"open"的第一个字母告诉妈妈，这是字母"o"。这位母亲非常吃惊，问女儿是怎么认识

的。伊迪丝说:"是薇拉小姐教的。"

随后,这位母亲一纸诉状把薇拉小姐所在的劳拉三世幼儿园告上了法庭。她认为女儿在认识"o"之前,能把"o"说成苹果、太阳、足球、鸟蛋之类的圆形东西,然而自从劳拉三世幼儿园教她识读了26个字母,伊迪丝便失去了这种儿童与生俱来的自然天性。她要求该幼儿园对这种后果负责。并表示哪怕倾家荡产,也要把这场官司打下去。

内华达州立法院审判结果出人意料——劳拉三世幼儿园败诉。因为陪审团的23名成员被这位母亲在辩护时讲的一个故事感动了。

她说,她曾到东方某个国家旅行,在一个公园里见过两只天鹅,一只被剪去了左边的翅膀,一只完好无损。剪去翅膀的被放养在一片较大的水塘里,完好的一只被放养在一片较小的水塘里。当时她非常不解,就请教那里的管理人员。管理人员说,这样能防止天鹅逃跑,因为,剪去一边翅膀的天鹅无法保持身体平衡,飞起后就会掉下来;在小水塘里的,虽然没被剪去翅膀,但起飞时会因没有必要的滑翔路程,只好老实地待在水里。

当时,伊迪丝的母亲非常震惊,震惊于东方人的聪明。可是也感到非常悲哀,为两只天鹅感到悲哀。现在,她为女儿的事来打这场官司,是因为她感到伊迪丝变成了劳拉三世幼儿园里的一只天鹅。幼儿园剪掉了孩子们的一只翅膀,一只想象的翅膀,早早地把孩子们投进了那片只有ABC的小水塘。

这段辩护词后来成了内华达州修改《公民教育保护法》的依据。现在美国《公民权法》规定,幼儿在学校拥有玩的权利,以保护儿童与生俱来的天性。

被誉为"育儿之父"的斯波克医生说:"孩子有一种内在的动

力,这种力量促使他们不断地成长、发现、体验、学习,让他们学会如何跟别人相处。许多教育方法之所以成功,就是因为顺应了这种强大的驱动力。"

每一个儿童都是独立的生命体,有着与生俱来的需要、动机、兴趣、情感倾向、思维特质等身心潜能。在家庭教育中,我们首先要承认孩子生命本能中的"真",不强迫她扭转天性做她不愿意做的事,而是顺应天性,让她的想象力、创造力、思维力、行动力按照她自己的方式舒张伸展,这样才能最大限度地发展孩子的潜能。

29. 尊重孩子的个性差异

有人说:中国式父母的最大特点就是爱拿自家孩子与别人家孩子比较。

确实,我们几乎都曾有过被父母告知"别人家的孩子"如何优秀的经历。在孩子成长的过程中,父母总是强调"别人家的孩子"以唤起自家孩子的竞争心与危机感。却不知,这种做法实在弊大于利。

在希腊神话中,有一个"普罗克鲁斯特斯之床"的故事。

臭名昭著的妖怪普罗克鲁斯特斯,曾利用他的床杀死无数过往的旅客。起初,他看起来是个和善的主人,将所有路过这里的人请到家里,放松一下疲惫的身体。但当客人睡着后,他就开始折磨他们。他要求客人的身材必须符合床的大小,如果客人的腿脚搭在床沿上,他就将其砍掉;如果客人太矮,他就把客人拉长,直到将客人折磨死。

很多父母对孩子的教育也正如此，总是无视孩子的个性差异，要求孩子必须"十全十美"，和"别人家的孩子"长得一样。

多元智能理论告诉我们，由于遗传、环境等因素的不同，每个孩子的天赋都是不一样的，他们的兴趣点、吸收能力、爱好特长也各有不同。

"别人家的孩子"这个泛化的优点集合体，容易让孩子迷失方向，根本不知道父母对自己的具体要求是什么。另一方面，若孩子总是被父母认为不如人，他的自信心和自尊心就会受到严重伤害，变得胆小、畏缩、叛逆，或者是对优秀者产生忌妒、愤恨等不良心理。

反复强调"别人家的孩子"，实际上就是忽视了不同个体间的差异，没有真正从尊重孩子发展个性的角度出发，把家长的意愿强加给孩子，这样可能会给孩子的身心造成巨大的压力，甚至对孩子的未来健康成长产生重大影响。

美国流行音乐、乡村音乐创作型女歌手、音乐制作人泰勒·斯威夫特1989年出生于美国宾夕法尼亚州，10岁时，她展现出对创作歌曲的强烈兴趣并开始写歌。面对她的这一爱好，父母没有批评她"耽误学习"，反而对她的作品予以了积极、肯定的评价。

2001年，12岁的泰勒在看了乡村歌手菲丝·希尔的视频后，央求母亲带自己去田纳西州乡村民谣之乡纳什维尔追寻自己的音乐梦想。

这样的要求，恐怕大多数父母都会斥责为"异想天开""不务正业"，可泰勒的父母却认为，孩子有兴趣、有天赋是一件好事，父母应尊重孩子的选择。于是，泰勒的家人带她离开了家乡，搬往田纳西州的亨德森维尔。

在田纳西州，泰勒的音乐激情被点燃，创作天赋被激发，写出了

一系列脍炙人口的歌曲并接连拿下多项音乐大奖,成为美国历史上唯一一位拥有三张首周百万销量专辑的歌手,以及格莱美历史上第一位两次获格莱美年度专辑奖项的女歌手,并在2016年"福布斯全球百大名人榜"中位居榜首。

好的教育是唤醒、影响和熏陶,而不是控制、灌输和塑造。

心理学研究证明,每个孩子都有特殊的天赋。这种天赋,是上天赐予每个孩子独有的"天赋"。换句话说,孩子不仅有自己的"操作系统",还能创造和衍生出自己的"应用程序"。若父母给予孩子全然的接纳和支持,尊重孩子的天赋秉性、个性特质,孩子头脑中与该项天赋有关的神经元就会格外活跃,孩子会表现得格外专注、好学,也就容易变成某一领域的"天才"。

30. 给予女孩参与家庭事务的机会

前美国总统奥巴马与夫人米歇尔育有两个女儿,分别是1998年出生的长女玛利亚和2001年出生的次女萨莎。两个女儿落落大方、自信阳光、十分优秀,在2014年曾入选《时代周刊》"25位最具影响力的青少年"。2017年秋天,长女玛利亚进入哈佛大学,也就是父母的母校就读。两个女儿都如此优秀,这背后有哪些养育秘诀呢?

米歇尔·奥巴马在一次电视采访中曾讲述了养育两个女儿的经历。

即使作为全美最著名的两姐妹,玛利亚和萨莎也不能免于参与家庭事务的义务。

从小到大，家中有事务需要做出决策时，奥巴马和米歇尔都会询问女儿们的意见，给她们参与家庭事务讨论的机会，尤其是与她们相关的事情，更是交由她们自己决定。

此外，在芝加哥时，奥巴马夫妇还会用小奖励鼓励女儿做家务，当女儿做完一件家务事后，奥巴马会奖给女儿一美元。女儿们所要做的家务事包括：自己整理床被、摆好餐具、洗碗、整理游戏室等。即使到了白宫，奥巴马的两个女儿也必须自己整理床铺、收拾房间等。

奥巴马夫妇认为，这样可以让孩子们觉得自己是家庭的一分子，应该为家庭贡献一份力量，避免不劳而获。

让女孩参与家庭事务是非常必要的。

教育专家指出，一个合格的家长，应把孩子视为"大人"，遇事主动倾听孩子的意见，给予孩子参与家庭事务的机会。家长要相信孩子的能力，在没有危险的情况下，鼓励孩子尝试和实践，这样既可以让孩子们解除依赖心理，还能增强他们的自尊和自信，使他们有一种自己能做好每一件事情的成就感，进而敢于参与竞争。一旦孩子把自己看作一个"大人"，往往就会以一个大人的责任心来要求自己，从而迅速成长起来。

如果我们给女孩养成参与家庭事务的习惯，她在参与的过程中会慢慢地认识到自己是家庭中的一员，是一个小主人翁，对家庭的事情就会主动负责，做事情也会养成认真的习惯，时间长了，责任心也会增强，这对她今后的职业、人生都会有很大的帮助。

在劳动过程中，父母可以培养女孩积极向上的乐观性格，还可以让她感受到劳动成果所带来的成功和喜悦，这样有助于她养成自觉心理和责任感。

除了孩子自己的事情给她决策权，家庭中的很多事情都可以让孩

子参与。

结果对孩子来说并不重要,主要是让她感受、理解这一过程。宽松的心理环境和充足的表现机会,能把她的潜能激发出来,向自信、能干的方向发展。这样培养出来的孩子更具有独立思考的能力,凡事有自己的主见。反之,剥夺孩子参与家庭事务的机会,就会造成她的消极心理,令她丧失自信。

除了责任感和培养独立性格之外,经常参与家庭事务还可以促进孩子的大脑发育,使孩子变得心灵手巧。这是因为,孩子在参与家庭事务的过程中会动手动脑接触各种事务,无形当中可以积累一些生活知识,弥补校园生活的不足。研究显示,长期参与家庭事务,可以促进孩子的大脑中枢神经的发育,使人变得更加聪明,同时也可以使手脚更加灵活,动作更加协调。

31. 强化女孩在群体中的归属感

马克思说:"人的本质不是单个人所固有的抽象物,在其现实性上,它是一切社会关系的总和。"

人是社会性动物,在生命过程中的每一个阶段,都需要和他人发生必然的联系,相互帮助、相互依存。因此,人必须从属于某一个"群体",参加这个群体的活动,从群体中得到其他成员的关爱,在群体的和谐与幸福中获得认同感和满足感。特别是当自己的奉献获得这个群体内其他人的认可、赞许、崇拜时,这种满足感和幸福感就会更强。

这就是人与生俱来的归属感需求。

相比于独立性更强的男孩，女孩的依赖性更强。女孩是用"关系"来理解这个社会的，而"关系"是要借由与他人的互动来表现。随着女孩不断成长，与她密切来往或被她认同的朋友、群体越多，她的自我意识就越强。在与他人或群体和谐相处的过程中，她能从朋友、群体中感知自己是一个什么样的人，分辨自我属性，明晰自我归属，建构自我认知。同时，与她密切相关的那些朋友、群体也会向她表明大家需要她，喜欢她，她是值得被人接纳的。这也将使女孩找到自信，并为她的身份和行为提供指引。

相反，如果女孩子缺乏归属感，或是归属感受限，她就很难正确认识自己，也很难给自己一个正确的定位。如果在与别人的接触中，女孩子经常感受到别人不留情面的批评和排斥，这些负面反馈信息就会激发心理（自我）防御机制，她就会感到压抑、沮丧、自我否定，产生自卑、焦虑、烦躁等负面情绪；甚至为了获得别人的认同而急切地委曲求全讨好他人，以至于被他人利用。

那么，要强化女孩的归属感，父母应该如何做呢？

首先，我们要让她感受到家庭的温暖，让她在家庭中找到归属感。

归属感来源于个体对他人的心理依赖，与温暖、幸福相关联。培养女孩的归属感，首先就是要让她在家庭里获得安全和可以依赖的心理感受，让她感受到来自父母的无条件的、全心的关爱，让她在家庭的温暖感觉中建立归属感。

为了强化家庭归属感，父母可以跟女儿一起回忆往事，告诉女儿她曾给这个家庭带来多少欢乐，也让女儿谈谈她觉得自己为家庭做出了哪些贡献。这些都可以帮助她加深家庭归属感。

其次，我们要培养女儿的集体意识，让她建立社会归属感。

女孩的身边不可能只有父母，所以我们也要帮助她建立社会归属

感。比如，要让她明白集体的重要，并知道如何平衡"保持自我独立性"与"与群体中的人友善相处"这两者间的关系；要让女儿既学会帮助集体中的其他人，又懂得在集体活动中感受来自别人的关怀和帮助。

为了帮助女儿建立集体意识，我们可以经常与她一起翻看她与同伴、群体成员的合影，让她讲一讲这个群体的开心事情，说一说她和朋友之间是如何互相关心、如何快乐互动的，并反思她还可以为这个群体做些什么，以此强化她在群体中的身份认同和归属感，增强她对未来的信心。

作为父母，我们要不断强化女儿的群体归属感，让她在家庭、群体、社会中找到温暖的归属感，正确认识自我价值。

32. 与女孩沟通的最好方式是互动式谈心

为人父母者，总是很想走进女孩的内心世界，了解她们的想法，明白她们的需求，洞悉她们的行为。但是，有时候父母越想靠近女孩，女孩却离他们越远，这让很多父母感到困惑和焦虑。

这时候，我们需要及时反思，我跟孩子说话的方式正确吗？我跟孩子的交流方式是命令式的还是互动谈心式的？

英国教育家斯宾塞说过，家长一般很少向孩子透露自己的内心世界，只习惯于做道貌岸然的训导者，反过来却要求孩子向自己暴露一切，这种不平等的要求，当然不可能取得好的效果。

正如斯宾塞所说，我们常见的是命令式的家长，一边对孩子说"我们来谈谈心"，一边板着脸不断地对孩子说"你必须……"这种谈心,只是单向的命令,并非真正的谈心。

我们提倡"互动式谈心",指的是父母要"多听少说",在认真倾听孩子心声的基础上与她畅谈,从而让"谈心"真正达到"交谈心声"的目的。

要想与女儿进行互动式谈心,我们首先要学会倾听。

人际学大师卡耐基的训练中有一种沟通方式叫"心谈"。"心谈"的技巧是只问问题,不讲道理、不分析,只有完全地倾听,专注地倾听。这是因为,倾听是交流的前提。

当女儿倾诉心声时,父母一定要与她保持平视的姿势,避免让孩子觉得父母高高在上,这是一种最基本的尊重。当女儿开始诉说时,父母不要抱着胳膊,做出拒人于千里之外的姿势;尤其不要边看杂志、边做家务边听,这些都会让女儿觉得父母根本不想听她说话。当女儿倾诉时,我们最好专注地看着她,用目光让她感受到父母的认真和对她的重视,这样她才会有倾诉的欲望。

其次,我们要做到语调温柔。

女孩远比男孩敏感,尤其是在对他人语气的辨别上。即使年纪很小的女孩,也能很快地分辨出父母说话语气中所要传达的真正意思和态度。如果她觉得父母的语气代表的是不耐烦、发怒,她就会感到彷徨无措。

再次,在互动式谈心中,父母要少使用"你必须……""你不能……"等词语。

大多数父母对教育的理解就是告诉孩子哪些事情是可以做的,哪些事情是不可以做的,因此会抓住一切机会向孩子灌输道理。这个出发点当然没错,但是在灌输的过程中,我们往往用自己的意见埋没了孩子的想法,导致孩子听不进劝,亲子关系紧张。

如果父母觉得与女儿交流的时间太少,或是一聊天就控制不住自

己的情绪，我们还可以试试用书信交流。韩国就曾经发起过类似的书信交流活动。

在韩国，有很多父亲因为工作关系而天天晚归，每次回家时，孩子都已经入睡，父亲难以经常和孩子说话。于是，父亲就会把自己想要对孩子说的话写在一张纸上，并郑重地把书信放到孩子的书桌上。如果孩子年纪小，不会看信，那么就由妈妈来帮助读爸爸的心声。

在阅读父亲书信的同时，孩子们也需要独立或者在母亲帮助下给父亲回信。第二天，收到信的父亲再根据孩子所写内容予以回复。

最初，孩子往往只会在信上写"爸爸早点回家"和"谢谢爸爸挂念"之类的短句，随着时间的推移，孩子的字条渐渐变得越来越长，内容也越来越丰富。

不能经常见面的父亲与孩子因为书信沟通，不但增进了彼此间的感情，还提高了孩子的写作水平。

总而言之，亲子关系的和谐源于心灵的交谈，只有深入地了解女儿，才能更好地帮助她成长。

33. 巧用肢体语言与女孩沟通

你有没有想过，你有多久没有对你的女儿微笑了？又有多久没有拥抱、亲吻、抚摸你的女儿了？

医学研究证明，在一块硬币大小的皮肤上，有25米长的神经纤维和1000多个神经末梢，这为人类通过触觉传达信息奠定了生物学

基础。而皮肤触觉需要在幼年时每天进行皮肤间的接触才可以更好地发育。

心理学上有一个名词——皮肤饥饿症。具体指的是：

小时候极少得到父母拥抱的孩子，在长大后容易形成的一种潜在的、对被爱、被关心、被抚慰的渴望。当这种渴望过于强烈时，可能就会导致一种病态的情感需求。一是成为冷漠、性情乏味的人，他们内心深处极度不自信，害怕遭到拒绝，因而回避与人建立亲密的感情；另一种是极度渴望被爱，却没有能力维持和感受一种长久、现实的爱，一旦他们得到了别人的感情，往往会觉得枯燥，弃如敝屣，再开始追寻下一个爱的对象。

人们之间的交流沟通主要通过三种途径来实现——声音、口头语言和肢体语言。

美国加州大学洛杉矶分校的阿尔伯特·梅拉宾教授通过研究证明：

人与人之间55%的沟通是通过肢体动作进行的，38%是用声音完成的，而单纯的语言表达仅仅占了7%。

肢体语言在我们的生活中极为常见，比如，握拳表示自信，低头表示沮丧，摊手表示无奈，顿足表示痛苦，等等。

在父母与女儿的相处过程中，如果父母经常使用一些积极的肢体语言，就会让女儿在成长的过程中变得更加乐观、积极。相反，如果父母总是使用一些消极的肢体语言来表达感情，比如摊手、低头、愁眉苦脸，这样教育出的女孩大多会很自卑、闷闷不乐、容易受伤。

在肢体语言的暗示中，微笑是一种极为有效的方式。

在女孩的成长中，父母的微笑是任何礼物都无法比拟的，它包含了父母对女儿纯洁无私的爱：受伤时，微笑会给孩子无限的关怀，抹去她的伤痛；脆弱时，微笑能给孩子自信，使她坚强，让她信心百倍

地面对挫折；成功时，微笑可以作为褒奖，给孩子鼓励；犯错时，微笑可以作为宽容，让孩子自省……

可以说，微笑具有魔力，可以让孩子在暴风雨中寻找到最美的彩虹。

除了用积极的肢体语言暗示孩子，我们更需要多与孩子进行肢体接触，比如多拥抱、亲吻、抚摸女儿，这样才能让她感受到爱和温暖。

美国著名心理学家赫洛德·傅斯博士曾做过关于拥抱的实践研究。他指出：

"拥抱可以消除沮丧——能使体内免疫系统的效能上升；拥抱能为倦怠的躯体注入新生命，使你变得更年轻、更有活力。在家庭中，每天的拥抱将能加强关系及减少摩擦。"

研究发现，拥抱可以让人更年轻、更有活力，它能让人与人之间的关系更亲密。经常与父母拥抱的女孩的心理素质明显高于与父母关系紧张的女孩。当你张开双臂拥抱女儿时，她在你的臂弯里感受到的是爸爸妈妈的体温，这给她带来了极大的安全感，让她们感到自己无论做什么，都有父母作为坚强的后盾。这样的女孩胆子更大，遇到挫折时也不会感到孤独，反而变得更坚强。

拥抱之外，也别忘了亲吻和抚摸。

每天晚上给女儿一个晚安吻，她自然能感受到从父母心底流露出的爱意，充分感受到爱的表达，这能为她日后健康的身心发展奠定一个良好的心理基础。亲吻能消除孩子的不安，形成她情绪稳定的性格，会让她对自己所获得的爱感到满足，对培养她日后的情绪平衡能力、自信心以及关爱别人的能力都会起到积极作用。

父母通过抚摸孩子的手、脚、身体、头等部位，同样能向孩子无声地传达爱和温暖。比如，女儿放学回来，我们可以拍拍她的脸蛋，

表示对她的无限爱意。帮她梳头、扎辫子的时候，可以自然地抚摸她的头；孩子遇到困难时，我们可以握住她的手，告诉她父母相信她能战胜困难……

一个温暖的眼神、一个鼓励的微笑、一个轻柔的亲吻、一个有力的拥抱……这些肢体语言都能帮助我们消除亲子矛盾，和谐亲子关系，起到事半功倍的亲子沟通效果。你，还在等什么呢？

34. 帮助孩子体验快乐的心情

快乐是一种积极的情绪体验，是否拥有快乐的情绪，对孩子的身心发展有着重要的意义。

快乐是一种基本的情绪，人本性中就有快乐的成分。孩子在出生后的两个月左右，就会出现社会性微笑。每个父母都希望自己的孩子将来步入成功之道，那么就要注意从小培养孩子活泼快乐的性格。

心理学实践证明，在指责中长大的孩子，将来容易怨天尤人；在敌意中长大的孩子，将来容易好斗逞强；在恐惧中长大的孩子，将来容易畏首畏尾；在嘲讽中长大的孩子，将来容易消极退缩……

而快乐孩子的背后，都有给予她快乐、教会她快乐的家庭。

台湾荒野保护协会荣誉理事长李伟文的女儿曾经在书中写道：

有一次参加作文比赛，老师出的题目是"我最快乐的一天"，当同学都已经快要写完的时候，我却不知道要写什么，因为我天天都非常快乐呀！我真幸运，有个天才爸爸和超人妈妈组成的快乐家庭，在这个浪漫的气氛中培养了我不少兴趣，使我有个充实且多姿多彩的童

年生活。

快乐能激发孩子的潜能，快乐的孩子，常常能表现出非凡的能力。

1992年，在西班牙巴塞罗那举行的世界残疾人运动会上，美国女选手布伦达在不能起跳的条件下，竟出人意料地夺得了50米自由泳铜牌。

布伦达一出生就很不幸——她患有脊柱裂症，这是一种先天性神经管畸形。虽然她没有完全瘫痪，但她的脊骨底层表面不完全闭合处已经脱离了腰部肌肉的控制，这意味着她得终生拖着20磅重的拐杖才能行走。

然而，她的父母总是在她面前保持着快乐的微笑，指给她看世界上的种种美好，带她体会快乐的情绪，因此她甚少因为身体的残疾而沮丧，每天都表现得活泼而快乐。

一次，布伦达在电视上看到奥林匹克运动会，那些游泳健儿矫健的身姿、拼搏的精神令她兴奋不已。她告诉父母："我也要当游泳运动员。"

她的父母立刻鼓励她，告诉她只要觉得快乐就勇敢地去实现梦想吧。

在父母的帮助她，她开始了一次又一次艰难的努力，凭借乐观的天性与不服输的个性，她终于让全世界瞩目。

那么，我们如何帮助孩子体验快乐的心情呢？

孩子的感官比大人灵敏许多，最简单的唱歌、打滚、触摸柔软的东西或是玩沙玩水，都足以让他们手舞足蹈。对于女孩来说，过家家、与玩具娃娃进行角色扮演等游戏，远比打枪、下棋更能让她们快乐。所以我们要遵循女孩发展的客观规律，找到那些容易让女孩感到快乐的事物，帮助她们体验快乐。

除了积极为孩子寻找快乐，我们还需要帮她强化快乐的感觉，加深她的快乐印象。

一件事情往往有快乐的部分也有不快乐的部分，所以我们要做的是，不时与孩子一起回忆那件事情中快乐的细节，以帮助孩子强化快乐的印象，淡化那些不愉快的细节，从而保持愉悦的心情。这种放大快乐、忽视不愉快的能力，也会使女孩变得容易满足，不至于变成一个挑剔主义者。

此外，我们还应让孩子学会分享快乐。

日本作家森村诚一说过："幸福越是与人分享，它的价值便越会增加。"

所以我们可以有意识地与孩子一起分享日常中的快乐，把自己经历的快乐事情告诉孩子，也请孩子每天放学回家后说一说她在学校遇见了哪些快乐的事情。通过分享，让家庭充满欢声笑语。

35. 培养孩子解决问题的能力

经常听到家长抱怨："我家孩子什么都不会做，一点小事都解决不了。"

为什么现在孩子解决问题的能力这么差呢？

这不是因为智商问题，而是父母没有培养孩子解决问题的能力。

被称为诺贝尔史上最伟大的女科学家的居里夫人不仅在科学上有着卓越的贡献，在儿童教育问题上也有着自己独特的见解。

居里夫人的大女儿伊雷娜到了上学年龄的时候，居里夫人和朋友们对孩子们的教育问题进行了一番讨论。居里夫人认为当时的学校教育多知识灌输而少培养自己解决问题的能力，于是，居里夫人和朋友们共同制订了一种新颖的教育合作计划。他们创办了一个儿童学习班，把孩子们组织起来，由这些有才华的学者轮流给孩子们上课，各自讲授自己擅长的课程。包括伊雷娜在内，当时听课的共有十来个孩子。

在教育中，居里夫人和朋友们一改前人因循守旧的做法，主张着重培养学生的独立认识和分析问题的能力。尽管授课者都是赫赫有名、学识渊博的大科学家，他们却很少直接给学生讲授现成的知识，而是鼓励学生自己思考、自己动手实验、自己寻找解决问题的方法。

在一次又一次的动手实践下，孩子们的学问提升飞快，动手解决问题的能力也得到了极大的锻炼。

在这种教育下成长起来的伊雷娜与母亲一样，成为著名科学家，1932年，伊雷娜与丈夫弗雷德里克·约里奥共同发现一种穿透性很强的辐射，后确定为中子；1934年，他们又发现了人工放射性物质，并对裂变现象进行了卓有成效的研究。1935年，夫妻共同获得诺贝尔化学奖。

做父母最重要的职责之一是教会孩子如何解决问题。

美国心理学家的研究成果表明，孩子是否能成功解决问题，更多地取决于他的经历而非聪明程度。这也就是说，很多时候，孩子解决不了问题，不是孩子不聪明，而是没有解决类似问题的经验，因为此前父母替孩子做出了所有决定，解决了所有问题。

任何孩子成长的过程都是一个犯错的过程，同时，犯错的过程也是一个成长的过程，如果直接传授给女儿经验，她就永远不知道什么是错误，不知道自己将来遇到类似问题应该怎么解决。

因此，在孩子遇到问题的时候，我们最好不要过早"救援"。否则，孩子会失去自己解决问题的机会，独立解决问题的能力就会退化，遇到问题就会束手无策。

孩子天生就好奇心强烈、创造力丰富、恢复能力强，只要父母稍加引导，他们就能运用自己的才智成功解决问题。我们需要做的就是鼓励他们学会考虑事物正、反两面，思考多种解决办法，然后选择最好的对策。

父母可以有意为孩子创设自我解决问题的机会和条件，故意设置一些困难场景锻炼孩子，让她积累相关经验。此外，还要经常向孩子提问，尤其是生活中的选择问题，来训练孩子思考处理问题的方法。在孩子遇到问题时，我们应给她足够的机会、适当的鼓励和具体的指导，培养她解决问题的能力，上好孩子成长过程中不可或缺的这一课。

36. 鼓励女孩喊出"我能行"

美国著名教育家罗恩·克拉克曾写过一本名为《罗恩老师的奇迹教育》的书。书中有这样一个故事：

阿莉兹·比尔是罗恩在哈莱姆区教过的第一个班——那个"低水平"的五年级班里的学生。在罗恩老师带领全班去南非旅行之后，阿

莉兹告诉罗恩老师她受到了激发，也想去帮助别人振奋，而且不仅仅是在自己的国家，她还要走出国门，走向世界。她说她想研究国际政治。

这看起来是一个非常大胆和难以成功的尝试，但罗恩老师对她说："你可以做到，你会很了不起，而且我们需要像你这样的人来负责做出重要决策。"

阿莉兹上高中后，打电话给罗恩老师，说那次南非之行始终在她心里挥之不去，而且她很想带她现在的同班同学一起去一次，但是没有老师愿意发起和组织这次旅行。

罗恩老师对她说："你自己来！找到带领团队的办法！你行的！"

一个月以后，罗恩老师收到了一封从阿莉兹所在学校发来的邮件。邮件里附有一张传单，上面说，他们学校的一群学生正打算去非洲发放蚊帐，那群学生正在进行一场募捐活动，想要寻求支援。传单的右上角写着："旅行倡议者：阿莉兹·比尔"。

几个月之后，阿莉兹带着她的团队去了非洲，这次神秘的援助之旅永远地改变了他们的人生。

为什么罗恩老师一句"你行的"能收到这么大的效果呢？

现代京剧表演艺术家盖叫天曾经说过："天下没有不行的事。自幼我们便是打这'不行'中锻炼出'行'来的，这叫'练行的'。凡事总要有信心，老想着'行'。要是做一件事，还没做就担心着'怕不行'吧，那就没有勇气了。"

从心理学角度说，自信源于成功的暗示，恐惧源于失败的暗示。人积极的暗示一旦形成，就如同风帆会助你成功；相反，消极的心理暗示一旦形成，又不能及时消除，就会影响一生的成功。

"我能行"和"我不行"就相差一个字，可意思是完全相反的：

"我能行"是成功者必备的积极心理暗示的体现,而"我不行"则是失败者身上常见的消极心理暗示的体现。

"我不行"是一种反面的负信息,是缺乏自信心的表现。一个人若总想着"我不行",总用这种负信息来暗示自己,他就会在消极的心理暗示下对自己越来越没有信心,越来越自卑,遇到一点困难就想往后退,即使成功的机会到来,他们也抓不住,本来能做的事情也做不成。

而"我能行"是一种正信息,是充满自信心的表现。如果总用这个正信息来调控自己,人就会非常兴奋,事情也就能做得更好。从小对自己说"我能行"的人,会不断地用正信息调控自己,对自己充满信心,有勇气迎接风雨,乐于在困难中微笑。

所以,家长要培养女孩的自信,不断暗示孩子"你能行",并让她从小就大声喊出"我能行"。

37. 用幽默的语言代替说教与吼骂

我们常常看到说教式父母。父母总是认为自己年龄大,人生经验丰富,有足够的理由教导孩子,于是站在一个权威者的角度,向孩子发号施令,告诉她不要怎样而要怎样,详尽安排女儿生活的细节,不让她有机会为自己的事情做出选择。

我们也常常看到吼骂式父母。他们信奉"三天不打,上房揭瓦""棍棒底下出孝子",认为孩子不听话都是因为管得不够严,于是总会用怒吼、叫喊甚至打孩子来代替温柔的教育,用武力逼迫孩子屈服。

在这样的说教或吼骂中成长起来的孩子,往往容易走两个极端。

性格强硬一些的孩子容易变得格外叛逆，反抗心理特别强，对于任何意见不是从问题本身出发去考虑是否正确，而是由自己的逆反心理程度决定是否接受意见。性格软弱一些的孩子则会变得自主性较差，不会自发而主动地做事情，常常需要别人提示，习惯于听从命令，依赖性特别强。在这两个极端中，女孩尤其容易陷入后一种极端。

而无论哪一种，对孩子的成长都是一种极大的障碍。并且，无论哪一种，孩子将来都很难真正尊敬父母，很难与父母保持良好且亲密的关系。

因此，在与孩子沟通的时候，为了"忠言顺耳"，父母必须改变传统做法，改变对孩子说话的方式。

在诸多说话方式中，幽默的语言是一种极为有效的亲子沟通"润滑剂"，幽默的教育远比吼骂与说教更有效。

苏联著名诗人依尔·斯洛夫是一个用幽默教子的高手。

一次，诗人回到家，见一家人慌作一团，诗人母亲正在打电话向医院请求急救。原来诗人的小儿子舒拉为出风头，别出心裁地喝了半瓶墨水。诗人明白，墨水不至于使人中毒，用不着惊慌，此刻正是教育舒拉的好时机。于是，他轻松地问："你真的喝了墨水？"

舒拉得意地坐在那里，伸出带墨水的舌头，做了一个怪相。诗人一点不恼，从屋里拿出一沓吸墨水的纸来，对舒拉说："现在没办法了，你只有把这些吸墨水的纸使劲嚼碎吞下去了！"

一场虚惊就这样被诗人一句幽默冲淡了，并在家人的嬉笑中结束。舒拉原想以此成为家人的中心，但未能如愿。此后他再也没有犯过类似出风头的错误了。

德国学者雷曼麦说："用幽默的方式说严肃的道理，比直截了当

地提出更能为人接受。"

在教育孩子的过程中，严厉的语言、严肃的面孔，让教育如同冰刀霜剑，容易刺伤孩子幼嫩的心灵。在传统的中国式疾言厉色教育的家庭中，由于缺少轻松和谐的氛围，孩子更多地倾向于将心中的困惑写在日记本上或是告诉同龄人，父母因此失去了和孩子沟通交流、及时施教的机会，这只会使女儿疏远父母或是产生逆反心理，从而破坏轻松和谐的家庭氛围。

所以，家长不妨巧用幽默，化庄为谐，让教育变得平和亲切、易于接受。由于风趣幽默的教育触动的是孩子活泼的天性，因而更能在孩子的心灵中留下不灭的印迹，使孩子时刻以此警示自己。

能将幽默风趣融于家庭教育中的父母，可以使家庭气氛和谐融洽，可以使女儿敞开心扉将心中的困惑告诉父母。而父母幽默的语言又能让女儿对父母的意见欣然领受。教育孩子时，父母如果经常能想到"寓教于乐"，再顽皮、再固执的孩子也会有所转变。

38. 用耐心的教导启迪女孩的心扉

写出感动全世界的《假如给我三天光明》的海伦·凯勒，1880年6月27日出生在美国亚拉巴马州北部一个小城镇，一岁半时因突患急性脑充血病导致高烧昏迷，醒来时，她变得既聋又哑且盲。

在她快要对命运屈服时，家里为她请来了影响海伦一生的重要人物——家庭教师安妮·莎莉文小姐。安妮用极大的爱心、耐心和毅力，在没有任何教育经验可以遵循的情况下，从尊重孩子的天性，引导孩子的兴趣出发，在摸索中成功地将海伦从一个心智未开、任性无

知的小女孩逐渐培养成一个知书达理、才华横溢的少女，直至进入大学。

安妮·莎莉文老师是一位非常有耐心的人，在她的学生身上，她从不吝于付出时间和心血。一天，她在海伦的手心写了"water"这个词。海伦一遍遍地学习，却总是把"杯"和"水"混为一谈。到后来，海伦不耐烦了，把老师给她的新陶瓷洋娃娃摔坏了。莎莉文老师却没有放弃，她温柔而耐心地带着海伦走到水井房边，把海伦的小手放在水管口下，让清凉的水滴滴在小手上。接着，莎莉文老师又在海伦的手心写下"water"。

水唤醒了海伦的灵魂，让她明白了"water"的含义，给了她光明、希望、快乐和自由。这一天她学会了father、mother、sister、teacher等30多个单词，这一天学的比之前5个星期学的还要多。

海伦·凯勒后来回忆说："不知怎的，语言的秘密突然被揭开了，我终于知道水就是流过我手心的一种液体。"

从此开始，莎莉文老师陪伴着海伦走过了50年的岁月。

可以说，海伦·凯勒之所以能成为20世纪的不朽传奇，主要得益于安妮·莎莉文老师充满耐心的教导与几十年的陪伴。

孩子的成长是一个渐进的过程。但在现实生活中，很多父母却急于求成，对孩子的成长过于急切，甚至会做出许多不利于孩子健康成长的举动。

比如，有些孩子虽然一心想独立自主，凡事都坚持自己做，但实际上往往是心有余而力不足，每件事情都无法做好，如吃饭时把桌面搞得一团糟，衣服穿得东歪西扭。这时，一些急性子的家长往往失去耐心而一手包办。

表面上看，这能提高效率、节省时间，实际上，对孩子的成长极为不利。家长这种缺乏耐心的行为给孩子留下了不好的印象，既会使孩子对父母产生畏惧感与隔离感，对学习产生逃避和厌倦感；又会使孩子缺乏动手能力，依赖性变强；还会给孩子做出不良表率，导致孩子日后生活、学习中也缺乏耐心。

所以，要做一名合格的家长，我们必须要多一点耐心。

孩子在成长道路上会遇到很多问题，当孩子遇到困难与犯错时，父母不要一味指责孩子，而应帮她分析问题所在，找出错误的根源，一起面对并且做出改正。

做耐心的家长，我们还需要具备自控能力。生活中总有许多不如意，但是面对孩子的时候，我们不要把负面情绪带到她面前。多对孩子微笑，耐心与孩子说话，耐心倾听孩子的诉说，只有这样，亲子间的沟通才能越来越有效，越来越融洽。

做耐心的家长，我们要学会通过循循善诱来启迪孩子的心扉。比如，当孩子提出问题时，不要直接给出答案，而是耐心地通过不断发问来引导孩子自己思考，自己得出结论。

第四章
高贵源自美好的品质

39. 好品质是培养而非强迫出来的

在中国，自古以来父母对孩子最拿手的教育方法就是打。孩子犯了错，一些脾气暴躁的父母在恨铁不成钢的恼火下，失去理智地对孩子进行打骂，用暴力的方式强迫孩子改正错误。然而，用打骂来强迫孩子，不但不能达到父母的教育目的，反而会使孩子形成说谎、冷漠、孤僻、仇视、攻击等心理问题。

这样的父母，他们不了解孩子的内心，刻板地说教、粗暴地打骂、无情地强制、进行精神的虐待，不仅恶化了亲子关系，还让孩子丧失了安全感和归属感，从而影响孩子的身心健康和个性的健全发展。最终可能导致孩子日后的不良行为，甚至使孩子走上犯罪道路，也会造成孩子出走、自杀等事件的发生。

还有一些父母，认识到了打骂的危害，却又走进"入侵式关怀"的误区。

所谓"入侵式关怀"，指的是父母以"为孩子好"的名义，在不能理解孩子真实感受和需要的情况下，把自己的想法强加在孩子的身上，并要求孩子按照父母的话照做不误。比如那些自己觉得冷就一定要孩子加一件衣服，孩子不肯则喋喋不休的家长。

在这个过程中，父母打着"为孩子好"的旗帜，满足的却是自己

的心理需要。父母将自己关心、照顾孩子的心理能量投射在孩子身上，通过"入侵"来满足自我的这种心理需求，并以此觉得自己是认真、负责、细心、体贴的好家长，却没有想过孩子愿不愿意接受这种关心。成长中的孩子为什么总是试图反抗父母意愿？那是因为他想表达的是自主意识——我有我的想法，我能照顾好我自己，我是成熟独立的个体而非父母的附属品。

可能会有家长觉得委屈，我只是建议孩子啊，怎么就变成"入侵"了呢？这两者间的区别在于，建议是父母给出意见，但最终决定权在孩子；而"入侵"是给出建议后，一旦孩子表示出拒绝、反抗的意思，则穷追不放，说教、训导，不断用语言强迫孩子，直到孩子扭转自己的意愿，按照父母的话语行动。

无论是以上哪一种，都属于单向教育，也就是强迫式教育。

对于远比男孩听话的女孩来说，长期的强迫式教育会导致女孩压抑自己的意愿，不让自己说"不"。成年之后，也总是努力去顺应他人的要求，不再表达自己的真实感受和需要，不会拒绝，也很难变得独立、自主。

好品质是培养而非强迫出来的。

在教育女孩的过程中，我们必须全面了解孩子身心发展的实际水平，遵循孩子生理和心理的发展规律，从孩子实际身心发展出发，遵循从易到难的顺序进行教育。

在培养的过程中，我们要做到以身作则，让女孩在长期观察父母行为的过程中潜移默化地学习美好品质。孔子说："其身正，不令而行，其身不正，虽令不从。"父母若能自己做好行为表率，孩子便会"不令而行"。

此外，在品质的培养中，我们还可以用纸条提醒的方法，把那些关于美好品质的格言写下来，贴在家里的显眼位置，让孩子时刻能够

以此反省自我，不断争取进步。

40. 爱自己，爱他人

怎样的女孩最吸引人？

一个内心充满爱的女孩才是最吸引人的。

有人说，这个世界上，如果"圣洁"需要一个形象来表达，如果"悲悯"需要一个形象来表达，如果"爱与美"需要一个形象来表达，那只能是她，永远的奥黛丽·赫本！

这样说，当然不只是因为她惊人的美貌，更多的是因为她有一颗充满爱与善良的心。

奥黛丽·赫本一生洁身自好，自尊自爱，与浮华奢靡的好莱坞形成了鲜明的反差。

而在爱自己的基础上，她更是把那份爱扩展到了爱所有生命上。她深爱孩子与动物，曾收养小鹿与小狗；她爱全人类，一生毫不犹豫、怀着最大热忱地投身公益事业。

1988年至1993年间，奥黛丽·赫本成为联合国儿童基金会的亲善大使，帮助拉丁美洲和非洲的孩子们，亲赴第三世界的众多国家和地区，拥抱、亲吻那些疾病缠身、饥寒交迫的孩子，为孩子们呐喊、呼吁和募捐，为深处苦难中的妇女与儿童争取权益。

为表彰她为全世界不幸儿童所做出的努力，奥黛丽·赫本先后被授予美国"总统自由勋章"和奥斯卡人道主义奖。

1993年，诺贝尔和平奖得主特蕾莎修女获悉奥黛丽·赫本病危的消息时,号召所有的修女彻夜为奥黛丽·赫本祷告,祈盼她能够奇迹般地康复。祷告声传遍世界各地。

奥黛丽·赫本直到死亡来临的那一刻依然心牵他人的幸福。1993年1月20日,在她弥留之际,她的长子西恩·赫本·费勒问她是否有话要说,她回答说:"没有,我没有遗憾……我只是不明白,为什么有那么多儿童在经受痛苦。"

为完成母亲的遗愿,西恩·赫本·费勒建立了奥黛丽·赫本儿童基金会,继续为全世界儿童的权益而努力贡献。

2002年5月,联合国儿童基金会在其纽约总部为一尊7英尺高的青铜雕像揭幕,雕像名字为"奥黛丽精神",以表彰赫本为联合国所做的贡献,她是唯一获此殊荣的人。

也许她的容颜会老去,她的心却永远是驻入人间的天使——因为她拥有一颗充满爱的心。

所以,在教育女孩的过程中,我们要教会她拥有广博的爱,从爱自己开始,进而爱他人。

女孩要学会爱自己,必须要先了解自己、相信自己,没有必要过于自谦。过于自谦,会让人不自信,会让人越来越自卑。

我们要告诉女孩,她是世界上独一无二的,她是一个有价值、值得爱的人;不论别人怎么看她,她都要骄傲地挺胸抬头往前走,以自己特有的姿态做最好的自己。

此外,要让女孩学会爱自己,我们就要教会她不虚荣。我们绝大多数的贪婪、不安都是因为虚荣引起的,所以,要让女孩学会不虚荣,才能做到真正意义上的自尊、自爱。

一个懂得爱自己的女孩,对周围的人会自然流露喜悦之情,感动自己,影响他人。

在引导女孩爱自己的基础上，我们还需要推而广之，从最亲近的人入手，让她学会关心家人、关心他人、关心社会。

父母可以有意识地经常锻炼女儿，有了好吃的，让她学会分享给别人；爸爸妈妈生病时，懂得安慰和照顾；别人为她做事时，要懂得感恩。

此外，要经常带她走进社会，让她知道她对这个社会是有责任的，帮助别人是一件快乐的事。还可以给她讲一讲成长过程中家人、医生、老师、各类服务人员等为她付出的一切，唤起她感激、热爱、尊重他们的感情，从而使她懂得真诚关心、爱护、帮助他人。

41. 拥有一颗感恩的心

一次，美国前总统罗斯福家失窃，被偷去了许多东西。一位朋友闻讯后，忙写信安慰他，劝他不必太在意。

罗斯福给朋友写了一封回信："亲爱的朋友，谢谢你来信安慰我，我现在很平安。感谢上帝：因为第一，贼偷去的是我的东西，而没有伤害我的生命；第二，贼只偷去我部分东西，而不是全部；第三，最值得庆幸的是，做贼的是他，而不是我。"

对任何一个人来说，失窃绝对是不幸的事。可是罗斯福却从中找出感恩的理由，他的优秀人格和处世哲学，不正是提醒我们要学会感恩吗？

感恩教育在女孩的成长中，是必不可少的教育。

我们都知道，人天性中就具有感受他人爱与好意的能力，那为什

么我们还需要额外进行感恩教育呢？

心理学上的贝勃定律或许可以说明原因。贝勃定律表明的是一个社会心理学效应，当人经历强烈的刺激后，之后施予的刺激对他来说会变得微不足道。

关于贝勃定律，普遍引述的一个验证实验是：

一个人右手举着300克重的砝码，这时在其左手上放305克的砝码，他并不会觉得有多少差别，直到左手砝码的重量加至306克才会察觉。如果右手举着600克重的砝码，这时左手上的重量要达到612克才能感觉到重了，后来就必须加更大的量才能感觉到差别。

如果仔细观察，我们不难发现生活中随处可见"贝勃定律"。比如这个著名的故事：

一个女孩和母亲吵架赌气离家。在外逛了一天，直到肚子很饿了，她来到一个面摊，却发现忘记带钱。好心的面摊老板免费煮了一碗面给她。

女孩感激地说："我们又不认识，你就对我这么好！可是我妈妈，竟然对我那么绝情……"

面摊老板说："我才煮一碗面给你吃，你就这么感激我，你妈帮你煮了十几年饭，你不是更应感激吗？"

女孩一听，整个人愣住了。是呀，妈妈辛苦地养育我，我非但没有感激，反而为了小小的事，就和她大吵一架。

女孩鼓起勇气，往家的方向走，快到家门时，她看到疲惫、焦急的母亲正在四处张望。妈妈看到女孩时，忙喊："饭都已经做好，快回去吃，菜都凉了！"

女孩的眼泪夺眶而出……

以上故事告诉我们,孩子常常会对父母的付出习以为常,乃至视而不见。所以,若缺失了感恩教育,则孩子容易对他人的付出无动于衷,视为理所当然,也就容易走进自私自利的死胡同里。

那么,如何在家庭教育中渗透感恩教育呢?

我们首先应努力营造充满爱心、感恩之心的亲子关系。在日常生活中,如果父母常常对其他家庭成员说"谢谢",则孩子自然会跟着说"谢谢",并在一声声的感谢中懂得感恩。

其次,我们可以抓住节日契机进行感恩教育。比如,父亲节、母亲节、妇女节、老人节、教师节、建军节、国庆节等节日,都是对孩子进行感恩教育的契机。我们可以结合生活事例,讲讲这些节日的来历。孩子稍大时,可以给她讲一些感恩的故事,一起阅读文学作品,观看相关的影视资料,以深化孩子对节日的了解,潜移默化地让孩子由关爱单独的个人扩展到关爱所属的集体乃至社会。

此外,我们还可以以生活事件为依托,随机进行礼貌教育和感恩教育。比如,医院里给孩子看病的医生、经常看到的交警、马路上的清洁工、在外吃饭时的服务员、买东西时的售货员,等等,都应让孩子主动上前说一声谢谢。

总而言之,感恩教育应做到"润物细无声",在日常生活中进行点滴教化,从而达到"水到渠成"的教育效果。

42. 诚实是人生的重要品质

《纽约时报》曾报道过这样一则新闻：

美国堪萨斯城郊的一所名叫 Piper 的高中，118 名二年级学生被要求完成一项生物课作业，其中一些学生从互联网上抄袭了现成材料。此事被任课女教师 Pelion 发觉，判定为剽窃，8 名学生的生物课得分为零，并面临留级危险。在一些当事人家长的抱怨和反对下，校方要求女教师提高那些学生的得分，这位 27 岁的女教师愤而辞职。

面对社会舆论压力，学校董事会不得不在体育馆举行公开会议，听取各方意见。

结果，绝大多数与会者支持女教师。他们认为，教育学生成为一名诚实的公民远比通过一门生物课更加重要。一些公司已经传真给学校索要当事学生的名单，以确保公司今后永远不会录用这些不诚实的学生。

高尔基说："诚实是人生永远最美好的品格。"普劳图斯说："对于诚实的人来说，牢记自己的义务是一种荣誉。"

诚实既是一种做人的基本原则，也是一种公共义务，是美好道德的核心，是各种良好品格的基础，也是一个人安身立命的基石。教导孩子信守诺言，做一个诚实的人，对孩子的成长大有帮助。

1986 年，美国心理学家安德森曾做过一个耐人寻味的调查，他将 550 个描写人的形容词列成一张表，让大学生们从中选择自己最喜欢的品质和最厌恶的德行。结果显示,评价最高的品质是"真诚",最厌恶的不良德行是"撒谎""虚伪""不老实"。

可见,一个人只有诚实不说谎、信守诺言,才能够建立起良好的信誉。一个诚实守信的孩子,长大以后也更容易成为对自己、家庭、社会都能承担起责任的人。孩子若想在今后的人生中受到别人的欢迎、尊重和信任,就必须具有诚实的品格。

那么,如何培养孩子的诚实品格呢?

首先,家长必须以身作则。

孩子生来是一张白纸,会涂抹上怎样的颜色,有着怎样的品行习惯,最重要的影响因素是父母的行为。孩子不诚实的原因很多,但是如果一个孩子总是说谎,那么基本可以断定,她的成长环境出了问题,她的父母很可能在孩子面前经常说谎。

当然,很多时候,家长并不是故意说谎,他们只是随口说出一些无关紧要的"借口"来掩饰自己,但是对孩子来说,这就是说谎。那么孩子也会有样学样,渐渐变得爱说谎。

其次,不要让孩子因为畏惧而说谎。

孩子第一次说谎后,家长的态度决定孩子今后是否还会继续说谎。我们常常会发现一个奇特的定律:父母越严厉,孩子越容易撒谎。

大哲学家罗素说:"从小没有受过恐吓的孩子必定诚实,这不是由于道德约束的缘故,而是因为他想不到别的做法。"

很多时候,孩子的第一次说谎是无意的,甚至有她自己奇特的原因。如果家长从孩子的角度出发,关心她,耐心询问她为什么不说实话,孩子会很愿意倾诉自己的真实想法。然后家长开始进行教育,既要理解她的内心想法,又要告诉她说真话的重要性,孩子就会乐于接受。反之,如果家长发现孩子撒谎,简单粗暴地打骂了事,则孩子下

一次仍然会为了逃避打骂而继续撒谎。

最后，要分清说谎与幻想。

幼年时候的孩子，常常沉浸在幻想中，分不清想象与现实。比如，爱幻想的小女孩总是对父母说，她就是公主，说得有鼻子有眼睛。这种时候家长不要简单地以"说谎"来定性，免得错怪孩子。

43. 让脆弱的女孩变坚强

虽然美国号称世界民主的典范，但直到1920年，美国国会通过宪法第十九修正案后，妇女才有权参加选举。然而，早在1872年的总统大选中，一位女性曾破天荒地宣布参加总统竞选，她就是女权主义先驱维多利亚·伍德哈尔。

维多利亚1838年出生于俄亥俄州的一个小镇上，她出身贫寒，在10个兄弟姐妹中排行第7，8岁才开始读书。然而坎坷的命运并没有击败她，反而让她变得格外坚强。

在当时，妇女被视为男人的附庸，只有被动地服从和忍耐。但维多利亚却从小就比常人显得坚强，更勇于与不公平的命运进行抗争。

因为生性坚强，她没有被各种困难和时代的局限击垮，反而提出了一系列社会主张，如8小时工作制、个人所得税、社会福利计划、利润分享等。她的许多思想堪称超越时代。

此外，维多利亚还创办了自己的报纸，印发了《共产党宣言》最早的英文版，另外还是华尔街第一个女性股票经纪人。所有这一切，都使她成为当时美国最具影响力的女权运动人士。

鉴于维多利亚的声望，在1872年美国大选时，民间政治团体

"平等权利党"提名她为总统候选人——这是美国历史上首次出现女性参与总统选举。虽然当时美国妇女还没有选举权，也很少有人相信维多利亚会获胜，但维多利亚仍为之坚持不懈地奋斗，以自己的行动向世人传递了这样一个信息——女性入主白宫的时间到了。

维多利亚由此成为美国乃至世界最著名的女性之一。

都说坚强是男孩必备的品质，其实，女孩更需要坚强。

心理学家指出，性格是人对现实的稳定态度以及与之相适应的习惯性行为方式，是人格的一个重要方面。坚强的性格有利于调动人的积极性、主动性，能强化脑细胞活动，使智力活动呈现积极状态，从而使人产生异乎寻常的高效率。无论在生活中还是学习上，具有独立坚强性格的人更具有坚持力、自制力，更能不怕困难勇往直前，更容易取得成功。

为了让女孩变得更强大，更容易成功，我们要着力培养女孩坚强的意志品质，绝不能让孩子变成脆弱的"玻璃心公主"。

在培养女孩的坚强品质时，我们一定要抛弃陈旧的观点，不要让女孩觉得自己具有"先天弱势"。有些家长认为男孩子就该玩枪，女孩子就该玩毛绒玩偶，这种偏狭的观念和做法极不利于女孩性格的健康发展，会损害她的独立性和自信心。

要想培养女孩的坚强意志，我们就要给她独立锻炼的机会，比如单独活动、同生人交谈、自己解决生活问题，等等。尤其是那些有困难的事情，更是要让她自己做，当她完成具有一定难度的事情，她就会体验到克服困难和成功的喜悦，从而增强自信心并变得坚强起来。

在生活中，我们还应为孩子制定合理的规则，并要求她必须遵守，比如规定她在一定的时间起床，5分钟内独立洗漱完毕等。这是对于意志的最根本的训练，对于培养坚强意志十分重要。

坚持体育锻炼对女孩坚强品格的养成也有着重要的意义。一个身体虚弱的孩子对自己的身体没有信心，心情不好，必然怕这怕那，对人对事积极不起来，性格也就很难坚强起来。相反，孩子的身体素质好、有信心、有勇气，就容易培养坚强的性格。

44. 独立自信让女孩更出彩

女孩是父母的宝贝，父母总是想尽一切办法呵护她，不让女孩受到半点委屈。然而长此以往，我们只会养出柔弱不堪的"玻璃女孩"。

俗话说："自信的女孩最美，独立的女孩最迷人。"

独立自信是一种积极的心理品质，是一个人对自身价值和能力的充分认识和评价，是一个人成才所必备的良好心理素质和健康的个性品质，也是一种重要的非智力因素，是促使孩子求知、探索的重要推动力，是促使孩子不断向上奋进的内在动力，是激发孩子主动积极性的催化剂。

独立自信的女孩有敢拼敢闯的搏击力和坚韧的忍耐力，她们无论面对顺境还是逆境，都能勇敢地去尝试，从而获取成功。

杰奎琳的第一任丈夫是美国总统肯尼迪，第二任丈夫是世界船王奥纳西斯。尽管她名扬天下、腰缠万贯，但她却认为，教养孩子的关键，是要培养孩子独立自信的性格。

为此，在她的长女卡罗琳·肯尼迪小时候，杰奎琳常让女儿独自完成日常家务，让女儿参加各项强度较大的体育锻炼，一次次鼓励她"勇敢站起来"。

小儿子约翰11岁时，杰奎琳把他送到了英国的德雷克岛"勇敢者营地"去受训，学习驾驶帆船、独木舟、爬山，锻炼他刚毅果断的独立人格。儿子13岁时，她又送他到缅因州的一个孤岛上去学习独立生活的技能。

后来她还曾鼓励孩子参加过肯尼亚的荒野求生、"国家户外学校"的70天训练以及危地马拉的地震救灾工作等。

在母亲的教育下，卡罗琳和约翰走出了幼年丧父的悲痛，克服了羞怯、自卑，不断锤炼着独立人格，逐渐长成自信潇洒、积极向上、理智节制、圆通练达的青年。

2013年11月19日，卡罗琳·肯尼迪出任美国新任驻日大使。她告诉人们，她将是未来的政治新星，而非一只徒有其表的花瓶。

这样的例子我们还能找出很多很多。事实上，在人类历史上，那些杰出的人才，都有很强的独立性。

1995年中国青少年研究中心进行的"杰出青年的童年与教育"调查得出的结论之一就是"成材离不开独立自主"。研究表明，杰出青年在童年时代66.89%的人非常喜欢自己独立做事情，29.73%的人有时喜欢，不喜欢的只占3.38%。这组数据表明，杰出青年童年时要求独处和独立做事情的愿望非常强烈。

为了帮助女孩养成独立自信的性格，我们首先要做到充分信任与激励女孩。

我国当代最伟大的教育家陶行知曾说，我们要"相信儿童，解放儿童"。坚信女儿"行"，是帮助她树立自信的第一要诀。

锻炼和实践也可以帮助女孩树立独立自信的性格。

我们可以积极创造条件，扬其长处，避其短处，有意地给孩子创造更多的实践机会，引导她参与家庭事务，鼓励她与父母一起讨论问题，肯定她的思考能力与家庭价值，从而让她获得满足感与自信心。

除了参与家庭事务，我们还可以多带女孩参加各种活动，尝试着让她独立完成任务。长而久之，她的视野开阔了，适应能力逐渐增强，也会变得更独立自信。

45. 乐观是幸福人生的必备品质

在人的一生中，乐观具有许多意义：它是诱发人采取行动的强烈动机；它静驻人的内心，提供充满勇气、克服困难的神秘力量。

"富养女孩"，就是要赐给女孩希望和乐观，让她们能够积极地完成自己的理想。一个乐观的女孩就像久雨后的阳光，能给周围带去温暖与快乐，感染他人的情绪，打动他人的心灵，并使自己的人生充满幸福。

虽然说人的性格有一部分受先天遗传影响，然而更重要的是后天的教育和培养。父母的教育对女儿乐观性格的培养至关重要。

美国有一位著名的潜能开发大师席勒，以帮助人树立积极乐观的心态而著称。

他经常对学员和家人说的一句话是："任何一个苦难与问题的背后，都有一个更大的幸福！"

在他的教导下，他读小学的女儿也成为一个乐观积极、活泼开朗、热爱运动的孩子。

一次，席勒应邀到韩国演讲，演讲过程中，他收到来自家人的紧急消息：他的女儿发生了一场意外，已经送医院进行紧急手术，有可

能截掉小腿！

得到消息后，席勒匆忙结束了演讲，火速赶回美国。到了医院，他看到已经截掉小腿的女儿痛苦地躺在病床上。

席勒原本优秀的口才此时显得异常笨拙，甚至不知道该如何安慰他的女儿。

然而，他的女儿绽放出一朵轻柔的微笑，拉着他的手说："爸爸，我没事！你不是经常告诉我，任何一个苦难与问题的背后，都有一个更大的幸福吗？我不会因为失去小腿而难过的。请爸爸放心吧，没有了脚我还有手。"

两年后，席勒的女儿升入了中学，而且被选入垒球队，成为该队中最出色的垒球王。

这是一个乐观积极的小女孩，在最艰难的时刻，她留给人们的依然是微笑。而她微笑的背后，是她父亲无数次告诉她的那句"任何一个苦难与问题的背后，都有一个更大的幸福"，是她父亲一次又一次乐观积极面对人生所带来的人生影响。父亲的乐观造就了女儿的乐观，父亲的积极培养了女儿的积极。

可见，若想让孩子成为乐观的人，父母首先必须有乐观的思维方式。如果父母在家庭中始终表现得乐观爱笑、积极坚强，营造出积极乐观的家庭氛围，孩子就容易在观察、模仿中逐渐变得乐观积极。如果父母总是在家中愁眉苦脸地抱怨，孩子也就容易变得悲观绝望、满腹牢骚。

在平时的学习和生活中，我们也要让孩子善于发现那些细小的快乐，从而快乐地学习、生活。我们还需教会孩子正确面对批评和挫折，多给孩子赞许与肯定、笑声与温暖，在这样的家庭环境中，即使最胆怯悲观的女孩也会慢慢变得乐观开朗。

我们还应有意识地利用女孩爱美的天性，多让她照镜子练习微笑。一位教育专家有句名言："培养笑容就是培养心灵。把孩子培养成面带笑容的孩子，就是把孩子培养成为乐观、进取的人的最重要条件之一。"当我们不断告诉孩子，爱笑的女孩更美丽时，她也会慢慢变得笑容满面，进而变得积极乐观。

46. 好奇心，让女孩更聪明

兴趣是最好的老师，好奇心则是兴趣的开始。

伟大的科学研究的开始，往往是科学家的好奇心。

人类历史上第一位女天文学家卡罗琳·赫舍尔因为发现了8颗彗星及星云而震惊世人。而这一切伟大成就的背后，是幼年开始的好奇心。

卡罗琳·赫舍尔出生于德国汉诺威，她的父亲是一位自学成才的音乐家，对子女的文化和音乐教育十分尽心，家中藏书丰富，子女均受到了极好的教育。

卡罗琳幼年时便表现出对天文学的极大兴趣，她曾与父亲和哥哥威廉·赫舍尔一起观察星座和天体。年幼的她，可以因为好奇，整夜整夜地望着星空。

年纪稍长一些，卡罗琳的哥哥威廉成为英国乔治三世的宫廷天文学家，并自己制作了一架望远镜。

对天文学和望远镜好奇心不减的卡罗琳乐此不疲地担任着哥哥最得力的助手，帮哥哥磨制和抛光镜面，并为哥哥的观测做详细的

记录。

在卡罗琳的帮助下,威廉·赫舍尔于1781发现了天王星。

天王星的发现并没有使赫舍尔兄妹停下观察的脚步,反而使他们对天空更为好奇,更为痴迷。卡罗琳每晚都端坐在那架可以观测遥远天外星空的望远镜前,饶有兴致地不放过每一颗星星。

1786年8月,卡罗琳独自观测到了第一颗彗星。在接下来的11年里,她又陆续发现了7颗彗星。她的发现为后来天体学的研究提供了最可信赖的资料。1798年,卡罗琳将自己的所有发现制成弗拉姆斯蒂德星表呈交给英国皇家学会,并附上了一份《不列颠天图》中忽略的560颗星的目录以及该出版物的勘误表。

哥哥威廉去世后,卡罗琳搬回汉诺威继续研究,不久完成了2500个星云和许多星团的记录工作。

孩子总是比成人更勇于探索世界,更具有好奇心、求知欲。专家表示,善于培养孩子好奇心,鼓励孩子探索新思想的父母,将会给孩子传递一个重要信息:求知极其重要。

若想激发孩子的求知欲,我们首先要培养孩子的好奇心。好奇心是推动孩子主动学习、探求知识的内在驱动力。

对孩子来说,在平时的生活环境中,处处蕴含着可供探求的事物,任何一个事物都能引发她的猎奇心态。所以我们要经常带孩子观察世界,向她提出各种疑问,让孩子主动探索未知世界。

孩子的好奇心都很强,经常会问为什么,但是孩子总是凭自己的兴趣观察那些感到好奇的事物,在观察中没有目的。我们可以帮她明确观察什么,为什么观察。当孩子有了明确的目标,带着问题去观察,她会收获更多。

在培养女孩好奇心的过程中,我们可以试着做做"不知道"父

母。当孩子产生好奇时，我们不要给出答案，而是引导她自己思考。这有利于进一步激起孩子的探求心，让她学会思考，学会自己寻找答案。

在培养好奇心的过程中，父母尤其要注意，千万别打击孩子的兴趣。比如孩子出于好奇拆解了玩具，家长若表扬她动手能力强，并鼓励她自己装回去，则更能激发她学习的兴趣；而若父母训斥她"破坏物品"，则孩子就容易失去探索欲望，丧失好奇心。

47. 学会从容淡定应对人生

一个从容淡定的女孩，犹如一杯清茶，没有爱慕虚荣的张扬，远离蝇头微利的角逐，用心灵的从容和性情的淡定，为这个社会增添了无限的美好。

在当今社会，焦虑是一种普遍现象。消费主义和功利主义盛行，弥漫在社会各个角落的浮躁风气强烈裹挟着我们的心灵，人们追求财富，追求成功，逐渐变得焦虑不安，失去自我。

所以，我们应从小培养女孩从容淡定的内心，让她学会淡定地面对世界，从容地应对生活，用适时知足的心去面对一切得失，积极享受生活，珍惜拥有。

一天，小女孩拉塞尔显得格外兴奋，因为她要去参加好朋友卡莉的生日宴会了。她早早就穿上漂亮的牛仔靴、黑色的牛仔裤，这是妈妈为她新买的衣服。她又戴上爸爸送给她的牛仔帽，简直帅极了。最让她激动的是，她要骑一匹真正的小马去参加宴会。

然而天公不作美，临近中午的时候忽然变天了，狂风大作，大雨如注。

她焦急不安地在窗前来回走动时，她的妈妈走过来告诉她，由于天气缘故，生日宴会取消了。

拉塞尔的脸上瞬间失去笑容，眼泪在眼眶里转了半天。

妈妈却温柔地微笑着说："宝贝，宴会虽然取消了，但我们可以在屋里做'寻找公主'的游戏呀。"

母亲从容淡定的微笑、不怨天尤人的话语和积极寻找其他乐趣的态度深深打动了拉塞尔。拉塞尔扬起头："今天下雨没关系，我敢打赌，下个星期六一定是个骑马的好日子。"

这个小女孩就是日后美国著名的女企业家拉塞尔·合姆。

母亲的从容淡定深深影响了女儿的成长，这正如著名教育学家塞利格曼所说："父母教育孩子的方式正确与否，显著地影响着孩子日后的性格。"

若要培养女孩的从容淡定，父母应放松自己内心深处时刻绷紧的弦，减轻压力，让自己在说话做事时都持有平和的态度。在对女儿说话时，要和颜悦色，让女儿感受到心情舒畅，不要经常疾言厉色地斥责孩子，以免孩子对父母望而生畏，心情老是处于不舒畅的焦虑状态。

父母面对的生活压力通常不小，这种时候，父母更要学会为自己减压，努力让自己放松。面对孩子的时候，我们应该相信自己的孩子有能力解决问题，而不要过分焦虑。若父母面对孩子时总是表现出焦虑的神色，孩子也就会在内心同样的焦灼不安，父母随时绷紧的弦会让孩子止步不前。

培养女孩的从容淡定，我们还要教会她淡看得失。要告诉孩子，

在成功面前，无须骄傲；在失败面前，也无须悲观。结果的得失并不是最重要的，重要的是你还有没有继续前进的勇气和能力。

在家庭生活中，还应该经常有孩子喜爱的琴、棋、书、画以及各种文娱体育活动。这些活动能陶冶女孩的情操，更好地培养她从容淡定的气质。

让孩子学会拒绝诱惑，也是从容淡定的一项必修课。

加利福尼亚大学一项研究表明，面对诱惑，你越难拒绝，就越有可能感到压力、力竭，甚至是抑郁。内心强大的人知道拒绝是健康的，他们不卑不亢并有主见地清楚表达拒绝。

从小到大，我们的人生充满诱惑。诱惑，常常来源于我们的内心，来源于我们对物欲的追求和贪婪。看似美丽的诱惑背后，往往隐藏着万丈深渊。

我们提倡"富养女孩"，也正是因为富养出来的女孩因为精神上的富足，她们更能够拒绝诱惑，更懂得坚守本心。

48. 做眼界开阔、胸襟广博的女孩

眼界决定境界，胸襟决定气度。

一个高贵而又出类拔萃的女孩，一定是具有开阔眼界、广博胸襟的女孩。这是因为，一个眼界开阔、胸襟广博的女孩，必然乐于分享，热情大方，能够充分理解他人，善于倾听，独立而不孤立，学识渊博，品位高雅。眼界开阔、胸襟广博的女孩可以博采众家之长，对他人更宽容，心胸更广大，获得更多的知识，更有竞争力。

"富养女孩"，要求女孩的父母要站得足够高，看得足够远，用自

己的开放,带动孩子的开放,让孩子走进更广阔的天地,与世界融合。这样的家长,才能为女孩做好表率,帮助女孩开阔视野,拓宽胸襟,让女孩变得见多识广、独立、有主见、有智慧,最终培养她的气质,开阔她的视野,增加她的阅世能力。

要想培养一个眼界开阔、胸襟广博的女孩,父母就必须要引导她多看多想。

在富养女孩的道路上,如果我们能从小为她打开宽阔的世界天窗,那么,她的眼光就将不再是局限于眼前的三尺狭窄方寸,而会放眼世界,心怀宇宙。这对于提升女孩子的品位、气度都是极为重要的。

除了放眼宇宙,我们还应培养孩子"读万卷书,行万里路"的意识。一个博览群书、游览四方的女孩子,绝不会给人"小家子气"的感觉。

父母应积极培养女孩的阅读兴趣,带孩子进行广泛地阅读,帮助她形成阅读习惯,让她感受到阅读的快乐。长期的大量的课外阅读,是开拓孩子知识面的最好方法。只有女孩子掌握的知识增长了、判断能力增强了,她才真的不会被外界的种种诱惑,同时还能形成独特的女性风采。

"读万卷书"之外,我们还要带孩子"行万里路"。旅行的过程是一个增长见识、增长能力的过程。带女孩旅行不仅能锻炼她的身体,还能增长她地理、历史等各方面的知识。在不一样的风土人情中,她会感受到不一样的人生,从而反观自我,更深入地了解社会。在幼年时对世界多感知多接触,这样的女孩长大了才会眼界宽、心胸开阔、兴趣广泛。

培养一个眼界开阔、胸襟广博的女孩,父母还必须培养她宽容的胸怀。

古今中外成大事业者，必有大志；有大志者，必有大胸怀。胸怀不单是修养自省的结果，更是在和他人、社会相处的过程中逐步形成的。因此，家长不但不能过度保护女儿，反而应该督促她在与人交往的过程中热情大方、宽以待人，教育她不轻视不如自己的人，也不妒忌比自己优秀的人，培养她的正义感、同情心、博爱精神和度量。

在家中，父母应在女孩面前展现出自我眼界开阔、胸襟广博的一面。整天在孩子面前说着家长里短、八卦新闻的父母，培养不出眼界开阔的女孩；自私狭隘、心胸狭窄的父母，培养不出胸襟广博的女孩。父母的眼界决定着女孩努力的方向，父母的方向正确与否，足以影响几代人的人生。因此，为了更好地教养女孩，父母必须不断修正自己，调整自己，鞭策自己变得完整、完美。

49. 用温柔的心欣赏自然

自然是人类的心灵故乡，是人类灵魂的最后回归之地。从小教孩子用温柔的心欣赏自然、热爱自然，是帮助孩子回归内心纯净美好的最佳方式。

大自然有着最丰富的色彩、最动听的声音，带给我们四季不同的收获，赋予人类生活的智慧。孩子与大自然接触的重要性，不亚于充足的营养和睡眠。

卢梭说："教育是人、经验与自然的组合。"很多成功者都喜欢亲近大自然。大自然不仅能引起他们的好奇心，增强他们的想象力，更能激发他们的创造性，比如牛顿在苹果树下发现了万有引力，达尔文在与昆虫打交道中成为生物学家……

马乔里·斯通曼·道格拉斯幼年的时候，她的父母常常带着她走进自然，教她用幼儿纯真的目光观察自然中的一切美好，教她学着温柔地对待自然。

马乔里4岁那年，她的父母带她坐游船从坦帕到哈瓦那旅行。日后，她回忆说，她此行的最生动的记忆是从树上摘一只橘子，那只橘子带着自然的清新，给她留下了深刻的印象。

稍大一点，马乔里的父母常常给她阅读关于自然的书籍。一次，她的父亲为她朗读《海华沙之歌》，当她听到树木牺牲了自己变成独木舟时，她突然哽咽落泪。

就是这颗温柔对待自然的心灵使她长大后成为坚定的自然保护者。她花了多年时间研究南佛罗里达地区的沼泽地和生态、历史，直到生命结束的一刻，依然在为保护沼泽地而努力。因她对自然保护的卓越贡献，她这一生，获得过包括总统自由勋章在内的无数奖章。在她去世后，后人评价她："在美国环保运动的历史上，很少有比马乔里·斯通曼·道格拉斯更了不起的人物。"

马乔里·斯通曼·道格拉斯的努力不仅使她自己没有虚度一生，还促使人们切实重视起对沼泽、对生态的保护，可以说是"功在当代，利在千秋"。

大自然是人们获得聪明才智的源泉，也是培养人们获得生存能力的基地。在直接观察大自然的时候，孩子看到的，远远比平面的图片或者隔着屏幕的电视、电脑来得印象深刻；在与大自然面对面的互动中，孩子思考的，远远比自然科普读物中介绍说明的内容更丰富多彩，更具有想象力和创造力。

然而，我们也不得不看到，今天的孩子对自然的疏离正日渐严

重。如一位儿童专家所说:"今天,儿童生活存在着'去自然化'的趋势,存在着'自然缺失'状况,令人担心。孩子热衷于与电视、手机、Ipad 为伴,却因此错过本应与自然亲近的童年;孩子熟悉超市里的半成品食物,却不知食物从何而来,难以理解环境保护的重要性……"

面对此种情况,父母应积极带领孩子走进自然,引导她温柔地对待自然,养成她爱惜自然万物的性格,让她懂得自然与人的密切关系,从小树立起环境保护的意识。

如果,我们能从第一缕自然的阳光照射在孩子的皮肤上开始,就引领她用温柔的心去欣赏自然,用自然打开她的五感,那么孩子的天赋将被充分激发,除了拥有明亮的眼睛、灵敏的感觉,还会拥有惊人的能力。

50. 做身心皆美的运动型女孩

在现代社会中,身娇体弱的"林妹妹"式女孩早已不能适应时代的需求,我们应积极培养女孩爱运动的习惯,帮助她成长为身心皆美的运动型女孩。

前美国第一夫人米歇尔·奥巴马小时候,她的父母非常重视子女的运动习惯培养,米歇尔从小喜欢玩棒球、足球和篮球,她的哥哥则是篮球高手。

成为第一夫人后,米歇尔也积极倡导饮食健康和身体锻炼。她在访谈中称,自己常常早上 4:30 就起床了,在跑步机上跑步、举重、做拳击操及其他运动，每天锻炼时间超过90分钟。脱口秀主持人艾伦·德杰尼勒斯曾在节目上同她比赛做俯卧撑，结果惨败于米歇尔。

米歇尔·奥巴马经常穿着无袖套装，喜好露出一双健美的胳膊，其中发达的肱二头肌在刚入驻白宫时还曾引发一场轰动。在过去接受采访时，她直言自己的健身秘诀就是"三头肌下推"和"锤式弯举"等类似的举重运动。"我每次会无间断地把这组动作重复两到三次，以达到塑造自己完美曲线的效果。"米歇尔如是说。

2011年，米歇尔在随丈夫造访南非期间，她曾在会见图图大主教时，俯下身来做了几个俯卧撑，还展现了一些平时锻炼的运动，当时，她还让已经79岁的大主教也加入其中。

在被记者问及奥巴马为何喜欢爱运动的米歇尔时，米歇尔自信地回答："一个好男人同一个强壮的女人在一起会很开心。我们之所以走在一起，是因为他接受了我，也接受了我所有的肌肉。"

在父母培养下，米歇尔的哥哥也保持了运动的好习惯，并成了篮球教练。

米歇尔父母对孩子运动习惯的培养不仅影响了自己的一双儿女，还影响了米歇尔的育儿观念。

米歇尔要求两个女儿必须至少参与两种体育活动，一项是孩子自己选择的，一项是妈妈为她们选择的。此外，米歇尔要求两个女儿必须参与团体运动，以帮助她们学会如何在团队中活动，如何失败，如何优雅地得胜，如何说话和处理感情。

除了规定必须参与运动外，米歇尔还规定女儿们参与运动时不许半途而废。米歇尔认为，当遇到困难时，孩子们比较容易放弃，但遇到困难也恰恰是她们开始学到东西的信号。她的长女玛利亚曾抱怨她的网球课，但她现在已经爱上了网球，并说："我真庆幸母亲让我继续打了网球。"

培养女孩子爱运动的好习惯，对女孩的身心发展具有诸多好处。

身体是一个人的基础。经常锻炼身体的女孩子更能够保持身体健康，体质更好，罹患疾病的可能性也更小。

经常锻炼的女孩子更容易获得自信。这一方面是因为通过运动锻炼，女孩能拥有更好的体型，从而对自己的外表保持自信；另一方面也是因为当她发现锻炼可以提高自己的能力，锤炼自己的意志品质时，她会因为更具有坚韧不拔的毅力而更自信。此外，运动可以减压，人在运动之后，大脑会释放内啡肽，这能帮助人改善心情，因而变得更乐观、开朗、自信。

运动能提高女孩的学习效率。研究表明，经常做运动的女孩在学校的表现比那些不做运动的女孩要更好些。经常锻炼身体不但可以提高学习效率，而且能够提高记忆力和集中精力。经常运动的人，脑子会转得更灵活，思维也会更活跃，从而促进学习。

运动还能锻炼女孩的团队意识。当女孩参与一个团体运动时，当她和教练、队友一起去努力赢得比赛和实现团队目标的时候，她的团队意识、合作精神都能得到大幅提高，从而增强她人际交往的信心和能力。

51. 让规则意识深入孩子的内心

俗话说："没有规矩，不成方圆。"规则是我们日常生活中必须遵守的行为规范和准则，同时也意味着养成生活的规律与行为习惯。规则对于孩子的成长极为重要。

玛乔丽·费尔兹博士在《儿童纪律教育——建构性指导与规训》一书中指出:"规则必须从儿童内部建构或发生,才能成为儿童自身的规则。"可见,从孩子幼年的时候开始,我们就必须培养她的规则意识。

若想让规则意识深入孩子的内心,父母首先要为她构建一个和谐有序的家庭环境。规则意识是一种被内化的秩序。在一个长幼有序、父慈子孝、兄友弟恭、夫妻恩爱的和谐家庭中,孩子的规则意识是潜入内心的。在这样的家庭氛围中成长的孩子,通常内心有序、充满爱意、温暖善良。

若想让家庭达成规则有序的状态,父母首先应以身作则。

米歇尔·奥巴马说:教育孩子中最重要的一件事就是建立规则,让她们知道自己并不是小公主。

她和丈夫奥巴马给女儿制定了许多规则,除了严格的睡觉时间、看电视时间、运动时间,他们还规定两个女儿必须自己动手做家务,白宫的工作人员被明令禁止每天早上帮两个女孩收拾房间。他们规定女儿不准沉迷电视、电脑和手机,要求女儿直到12岁才能拥有手机,且只能在周末使用。

而为了以身作则,奥巴马和米歇尔在白宫的生活也很有规律。晚上9点半就寝,早晨起床后,两人会到白宫内的健身房做运动。

一个生活无序的家庭环境,不可能培养出守规则的孩子。要想培养孩子的规则意识,父母应从自己做起,在家里建立一个正常的生活秩序。

若要让规则意识深入孩子的内心,那么我们还必须为她制定家庭规则——让她知道自己应该遵守哪些规则。孩子小的时候,父母每次

制定的规则不要太多，以3至4条为宜，这样她遵守起来不会无所适从。

为了帮助孩子建立规则意识，我们可以使用适当的表扬和惩罚制度。

积极的评价可以提高孩子遵守规则的频率，家长的鼓励、表扬，能使孩子获得愉悦的体验，促使她将道德价值内化于心。我们可以抓住突发事件教育孩子，也可以设计问题情景，与孩子一起讨论"怎么样做是对的""怎么样是不对的""为什么这样做正确"。通过讨论、思考，提高孩子的道德判断能力，从而懂得规则。

除了表扬，有时我们还需使用惩罚。惩罚能够让孩子知道什么事情是不可以做的，可以帮助她建立起道德、伦理、法制等规则感。在受惩罚的过程中，她也能真正明白自己需要去独立承担属于自己的责任，并在遵守规则的过程中不断获得成就与满足。

当然，在使用惩罚的时候，我们一定要注意，不要使用体罚的方式。我们可以与她事先说好惩罚措施，通过取消其部分权利的方式进行惩罚，比如"如果承诺的事情没有做到，那么一个月之内不准去儿童公园玩""如果在与别的小朋友玩游戏时违反游戏规则，那么两周内不得参与任何游戏"，等等。

第五章
高情商的女孩人人爱

52. 不做自恋、孤僻的"城堡公主"

在女孩的情商培养中，我们要培养她正确认识自我的意识，既要防止她因为自恋而无法合群，也要防止她因为孤僻而害怕合群。

我们可以对照自恋与孤僻的参考标准来看看孩子是否有类似的倾向。

关于自恋的参考标准：

（1）怀有强烈的天生优越感，通常认为自己拥有特殊才能或高智商，其自信心超出实际情况。

（2）待人态度傲慢，认为其他人都不重要，对别人很少表现出认同或善意。

（3）极其渴望赞赏。无论参加什么集体活动，如果得不到赞美，就会选择退出和停止尝试。

（4）不愿承认自己的错误，拒绝为自己的行为负责。总是为自己的错误指责别人，并且当他伤害别人的感情时不会显示出任何悔意。

（5）面对比自己优秀的人，常常会做出诋毁、贬低的行为。

关于孤僻的参考标准：

（1）在幼儿园、亲戚朋友家玩耍时，总是一个人坐在角落，自己玩自己的。

（2）处于父母都不在的环境时，会表现出明显的不安、哭闹、不多话。

（3）对来访的陌生人，不会友善地打招呼或接近、问好。

（4）不爱开口说话，只爱以点头、摇头的方式表达意见与需求。

（5）多数时刻表现沉默，在人群中易被忽略。

（6）适应力不佳，处在家里以外的新环境，不安、害羞状况会更明显。

这两种情况看起来截然不同，然而无论是自恋还是孤僻，都会导致女孩的人际交往障碍，都会导致她成为没有朋友的"城堡公主"。

这两者产生的原因，都有极少数天生的气质、性格原因。但除了先天原因之外，更多的是父母极端的教育导致孩子无法正确定位自我。自恋常常源于父母过度表扬或溺爱，孤僻则常常源于父母过度批评或漠视。

有的孩子因父母离异或病故，生活在单亲家庭，缺少应有的家庭温暖，因而性格孤僻，对周围事物冷漠。有些父母成天板着面孔对待孩子，或是经常贬低孩子、斥责孩子，压抑了孩子的情绪，使孩子对父母望而生畏，对自我定位过低，产生紧张心情、自卑心理，导致孩子越来越孤僻。

与因缺乏父母肯定而导致自卑、孤僻刚好相反，父母的过度夸奖常会导致儿童表现出自恋倾向。若父母对孩子娇宠有加、过于溺爱、过度表扬，孩子则常常会自视甚高、自以为是、自恋。

所以，在教养女孩的时候，我们要宽严相济、爱而不溺，帮助孩子正确定位自我。一方面，父母要在态度上对孩子亲近，生活上对孩子体贴，通过让孩子感受到家庭的温暖与关爱来改变孩子的孤僻；另一方面，父母不能溺爱孩子，应为孩子立下规则，犯错则会受到相应惩罚。

在对孩子进行评价的时候,我们应满足她的正当心理需要,既要运用表扬、鼓励的方式,顺其自然地与之心理相容,使孩子产生交流的欲望;又不能一味表扬,或过于频繁地表扬,而应正视孩子的不足之处并及时指出。

此外,我们要多多鼓励孩子参加户外活动。心理学实践结果表明,运动对儿童的人际交往能力的发展极为重要。对于不合群的女孩,我们一定要鼓励她和其他儿童一起运动、游戏,共同活动,以培养她开朗、合群的性格,促使她走出自我封闭的"城堡"。

53. 不被嫉妒吞噬内心的美好

《心理学大辞典》中说:"嫉妒是与他人比较,发现自己在才能、名誉、地位或境遇等方面不如别人而产生的一种由羞愧、愤怒、怨恨等组成的复杂的情绪状态。"

从儿童心理发展特点来看,嫉妒是一种原始的情绪,幼儿在16~18个月就开始出现这种自然、正常的情绪反应。一般来说,嫉妒是人的正常情绪,并不需要引起格外重视。

但如果嫉妒心比较严重,孩子对被嫉妒者持有冷漠、排斥甚至敌对的态度,活在极度压抑之中;或是因嫉妒而怨恨、愤怒,进而付诸行动,诸如制造谣言,挑拨离间,乃至寻机报复等,那么就成了一种病态。这种病态的嫉妒对内会扰乱自己内心的平静和安宁,对外会破坏人与人之间的和谐关系,不利于形成健康的人格。

很多父母不能接受孩子的嫉妒心,常常给她贴上小气、自私等标签,并以此作为批评孩子的理由。其实,不严重的嫉妒本就是人的正常情绪，家长应充分地、真正地理解孩子。当然，嫉妒虽然是正常情绪，却不是积极的情绪，所以我们也要在理解孩子的基础上，教会她心胸开阔，使她怀着一种豁达的态度，不被嫉妒吞噬内心的美好。

研究表明，生活在充满嫉妒的家庭中的孩子，因受家庭成员的影响，也往往具有较强的嫉妒心。所以，家长要率先垂范，以自己美好的言行来教育孩子。当我们发现孩子显露出嫉妒的萌芽时，不要严加指责，更不能冷嘲热讽，以免伤害她的自尊心。我们应态度诚恳地倾听孩子的心声，帮助她找到问题所在，树立自信，消除嫉妒。

心理学家认为，嫉妒产生的原因，表面看是自负，深究起来，其实是自卑，缺乏自信的孩子往往容易产生嫉妒心。

现实生活中，许多家长表扬别人家的孩子，或许是真的觉得别人家孩子优秀，或是为了激励自家孩子，但不管出于什么原因，都有可能导致自家孩子的嫉妒心。这种嫉妒实际是一种害怕别人超过自己的恐惧不安所致，根源还是缺乏自信心。因此，家长在表扬别家孩子的时候，千万不要忘记自家孩子，对自家孩子的长处要给予由衷的肯定和赞美，即使孩子做错了事，也要善意地指出，让孩子知道怎样做才对。另外，家长还可以表扬别人家孩子和自己家孩子的不同之处，让孩子在差异中取长补短。

当我们发现，孩子正在嫉妒别人时，我们还可以把嫉妒的消极作用向积极方面转化。

嫉妒的消极作用在于：一部分嫉妒心强的人在与对手进行竞争时，一旦看到对方胜于自己便会憎恨对方，不择手段陷害他人。

嫉妒的积极作用则在于：在发现别人比自己强时，不是去把别人"拉"下来，而是把自己"提"上去，激励自己奋发图强、努力赶超，以积极的心态迎接挑战，并从中体会到竞争的乐趣。

家长要做的是，通过教育让孩子懂得如何公平竞争和调整心态，

让孩子化嫉妒为动力。

一般来说，孩子的嫉妒只要很好地教育引导，便可以变压力为动力，激发孩子发奋上进，养成健康的性格和良好的品德。

54. 提高人际交往能力

良好的人际交往能力对女孩日后的发展极为重要。与人良好的交往，对女孩的个性、情绪情感、智力能力的发展都有重要作用。而人际交往能力的提升，则源于幼年时父母的着力培养。

杰奎琳·肯尼迪没有绝世的美貌，她的两只眼睛分得很开，平板的身材没什么可圈可点之处，然而她却是美国人心中最美的"第一夫人"；她不是皇室成员，但她却以高贵的气质、优雅的举止、独立的个性、强大的社交能力赢得了世人的仰慕，其中包括法国总统戴高乐、原苏联领导人赫鲁晓夫等国家领导人。

杰奎琳自幼接受全方位的礼仪训练和社交训练，精通芭蕾舞和交际舞，在人际交往上有着非凡的天赋。她聪明、幽默、老练、谈吐富有层次、气质卓越不群，这使她成为世人眼中高贵的代名词，先后征服了美国总统和希腊船王。

可见，若一个女孩拥有良好的人际交往能力，则可以突破外形平凡的局限，成长为受人欢迎的"天使"。

人不是一出生就会与他人相处的，社交经验需要一点点积累。

父母应当成为孩子的朋友，在家庭中应创造一种民主平等、亲切和谐的交往氛围,让孩子敢说、爱说,有机会说话。适当地让孩子参与成人的某些议论,有利于树立孩子的自信心,使孩子敢于与成人交往。

此外,父母可以经常在家中和孩子做模拟社交的游戏。比如,可以模拟购物、问路、与陌生人交友,等等。这样既能让害羞的女孩学到更多社交礼仪,从而变得大胆,也可以让孩子熟悉日常社交方式,懂得什么场合说什么话。

如果家附近有孩子聚集玩耍的地方,父母不妨多带孩子加入;家长还可以带孩子串门,或是邀请别的孩子来自己家玩,让孩子有充分的时间和小朋友们一起交往,得到更多的交往机会,体验到和同伴交往的乐趣。

在人际交往中,女孩通常比男孩要害羞。这时候,家长应该有足够的耐心等待她,多花一些时间引导她,让她适应和别人的交往。如果女孩因为害羞执意不肯和别人打招呼,家长也不要一个劲儿地要求孩子做,更不要当面斥责她"不懂礼貌",而应温柔地抱起女孩,先自己向对方打招呼来给孩子做示范,再对女孩说:"妈妈知道你还没有准备好打招呼,没关系,我们下次再说。"这样做能缓解女孩的紧张,使她慢慢放松下来,从而下一次能够愉快地与人交往。如果孩子表示不想继续待在人多的地方,家长也不要勉强她,只有让孩子感觉轻松自然,才有利于缓解她的羞涩。

为了帮助孩子成为受同伴欢迎的人,家长还应有意识地教给孩子一些交往的技能。

在诸多人际交往技巧中,礼貌用语是极为重要的。父母应让孩子在交往中学会使用礼貌用语,如"请""谢谢""对不起"等,学会怎样向别人表示感谢或歉意,怎样向别人进行自我介绍,怎样向别人提出请求更合适,怎样与别人分享食物和玩具,怎样正确地处理同伴间的纠纷与矛盾,怎样有礼貌地接受别人的道歉,怎样请求别人的帮

助。对于孩子的正确用语，我们要及时表扬，强化她的礼仪习惯。

在人际交往中，我们还要教会孩子遵守集体规则。要让孩子明白，只有自觉遵守集体规则的人，才能得到大家的喜爱，才会有更多的朋友和她一起玩。

此外，我们还要教孩子学会欣赏他人，学会尊重他人，学会宽容他人，学会悦纳他人，学会善待他人，这些对孩子的社会交往都大有裨益，将帮助她收获真诚的友谊与快乐。

55. 培养理性思维

人的思维方式一般可以分为两类：感性思维和理性思维。

感性思维是"爱""恨""愉快""悲伤"等感情部分，通过具体的形象，运用语言的描述进行思维。

理性思维主要表现为抽象或逻辑的思维。它建立在事实基础上，通过观察、实验、调查、统计、分析、综合、归纳、演绎，揭示事物的普遍规律，抽象出事物的一般原理。具有理性思维的人，能运用逻辑手段、程序和方法进行认识活动。

有人说："盲目跟风随大流有时对你的伤害是致命的，没有理性，没有方向。"一个人若缺乏理性思考，就会像茫茫大海上没有方向的小船，跟风游走，永远无法到达自己的终点。

从男女先天的大脑发育来看，男性偏于理性思维，而女性更多偏于感性思维。这更要求我们在教养女孩的过程中，要格外注重后天对女孩理性思维的培养，以弥补其先天的性别差异。

1906年10月14日，汉娜·阿伦特出生于德国汉诺威市。她的父亲是来自俄国的犹太移民。在阿伦特小时候，父亲极为重视她的教育。与当时父母教养女儿的普遍做法不同，阿伦特的父母并没有着力在文学、艺术等感性领域培养女儿，而是着力从思维能力上教养女儿。在父母的栽培引导下，阿伦特考进了弗莱堡大学的哲学专业，攻读哲学、神学和古希腊语；其后，她转至海德堡大学雅斯贝尔斯的门下，并获得哲学博士学位。

"二战"中，她从德国辗转来到美国。颠沛流离的生活并没有磨灭她思考的意志，反而使她更为深刻地思索，人类究竟需要怎样的社会制度。1951年，《极权主义的起源》一书出版，为她奠定了作为一个政治理论家的国际声望。1954年开始，阿伦特先后在美国加利福尼亚大学、普林斯顿大学、哥伦比亚大学、社会研究新学院、纽约布鲁克林学院开办讲座；后又担任过芝加哥大学教授、社会研究新学院教授。随着《人的状况》《在过去与未来之间》《论革命》等著作的出版，她成了20世纪最伟大、最具原创性的思想家、政治理论家之一。

阿伦特之所以成为20世纪政治思想史上最令人瞩目的人物之一，与她缜密的思维、深刻的思想与独到的洞见力密不可分，这正如托尔斯泰所说："理性，使人看得更远，站得更高！"

一个人的理性思维可以体现在这些方面：尊重事实、讲求证据的实证意识；运用逻辑推理、讲求思维的严密态度；讲求质疑的创新精神，等等。

关于理性思维，心理学上给出的基本判断标准包括：

（1）独立性：思维能力强的人必定是善于独立思考的人。即使他请教别人、查阅资料，也是以独立思考为前提的。

（2）灵活性与敏捷性：对事物反应迅速且灵活，不墨守成规，能较快地认识、解决问题。

（3）逻辑性：思考问题严密而且科学，不穿凿附会，不支离破碎，得出的结论有充足的理由和证据，前因后果思路清晰。

（4）全面性：看问题不片面，能从不同角度整体地看待事物。

（5）创造性：对问题能提出创造性见解，别人没想到的他也能够想到。

若想提高女孩的理性思维，我们在家庭教育中，必须格外注意培养孩子独立思考的习惯。

孩子遇到疑难问题时常常会寄希望于父母。这时，若父母直接把答案告诉孩子，则对发展孩子智力没有任何好处。我们应该启发孩子运用自己学过的知识和经验去自己寻找答案，激励她主动思考、分析，进而产生学习动力。

其次，我们要让孩子经常处在问题情景之中。我们可以给孩子提出一些问题，与孩子一起讨论、分析，设计解决问题的思路，参与解决问题的过程。这个解决问题的过程最好运用到分析、归纳、推理的技巧，并要求孩子设想解决问题的方法与程序，引导她通过逻辑分析而非感性判断来得出结论——这个过程最能提高女孩的理性思维能力。

56. 做有责任感的女孩

每个人肩上都担负着对家庭、社会、他人的责任与义务，这是我们必须完成的使命。

被誉为"纽约最完美富家女"的艾琳·兰黛是雅诗·兰黛夫人的

孙女,同时也是雅诗兰黛集团现任高级副总裁和创意总监。这位含着金汤匙出生的千金拥有天使脸孔、魔鬼身材,曾被《纽约》杂志评选为纽约市最美丽的50位女性之一,然而,她并没有因此走上"无脑美女"的道路,反而成了一位极为出色的职业女性。

在雅诗兰黛家族第三代传人里,擅长广告企划的艾琳·兰黛可以说是做出最多贡献的一位,无论是商业作为还是社交表现,都堪称"完美"。

她对产品与服务不放过任何一个细节、精益求精的态度为她赢得了极佳的口碑。她曾带领她的团队花了大量的时间咨询时尚人士,并去了很多秀场实地考察当今流行色——只为了让赠品手提袋的颜色更美。

连赠品都要做到最好,她的努力自然得到了回报——在雅诗兰黛集团的高速发展中,她被大量的大客户认定为"集团发展的关键"。而这些,与她从小所受到的"责任"教育有着极大的关系。

她曾在接受媒体采访时说,一天,当她准备出门上班的时候,正处于幼儿园阶段的儿子哭喊着问她为什么非要去工作。她回答,这是因为这份事业是她的责任。

"我告诉他:'雅诗·兰黛夫人千辛万苦开创了这番事业,我们必须将这事业继续下去,让曾祖母感到高兴、自豪。而且你要热爱自己所做的事情,并将这种热情传承下去。'我还告诉他,等他将来长大了,无论做什么都要努力做到最好,而且要充满热情。"艾琳·兰黛如是说。

列夫·托尔斯泰说:"一个人没有热情,他将一事无成,而热情的基点正是责任心。"

责任心指个人对自己和他人、对家庭和集体、对国家和社会所负责任的认识、情感和信念,以及与之相应的遵守规范和履行义务的自

觉态度。责任心是一个人立足社会、获得事业成功至关重要的人格品质。现在许多父母过多地注意孩子的智力和身体的发展，对孩子责任心的培养却不大重视，这对孩子的成长、成才很不利。

要想培养女孩的责任心，家长首先要有较强的责任意识，并在平时的待人接物、为人处世中体现出责任心。例如，面对错误不要逃避责任、指责别人，而应该首先反省自我。家长若这样做了，孩子看在眼里，自然也会学着承担自己的责任。

其次，孩子的责任感只有在反复的实践中才能逐步形成。因此，家长要给孩子机会，敢于给孩子委以"重任"，让她参与家庭事务，动手做家务，对家庭、父母、自己承担责任。

再次，在生活中，我们要允许孩子犯错误，但不允许孩子推卸责任，更不能帮助孩子寻找理由逃避责任。我们要让孩子明白，一个人必须对自己的言行负责，面对自己的错误，不应逃避，也不应推卸，更不能由大人出面解决。比如孩子损坏了别的孩子的玩具，家长就应要求孩子登门道歉，并帮人修理或协商赔偿。若孩子既没有动手修理的能力，也没有足以偿还的零花钱，则要求孩子与玩具被损的孩子协商其他赔偿办法，比如把自己的玩具、零食赔偿给别人等。

57. 推己及人，才能知情达理

推己及人又叫作换位思考，指站在对方立场设身处地思考的一种方式。即在人际交往中，能够体会他人的情绪和想法、尊重他人的立场、理解他人的感受，并站在他人的角度思考和处理问题。

一个懂得推己及人，体察他人情感、关心他人痛苦、帮助他人摆

脱痛苦的人，才能做到知情达理，才能变得善良而伟大。

特蕾莎修女原名艾格尼斯·刚察·博加丘，出生于奥斯曼帝国科索沃省的斯科普里，父亲尼格拉是一个杂货承包商。身在一个天主教家庭，特蕾莎修女从很小的时候起，就被家人教导要理解别人的痛苦，要无私帮助他人。

12岁时，特蕾莎修女和姐姐在家人的影响下加入一个天主教的儿童慈善会。三年后，她和姐姐决定到印度接受传教士训练工作，共同开始了帮助他人的道路。

1931年，特蕾莎正式成为修女，1937年5月决定成为终身职业修女，并依法国19世纪最著名的修女"圣女特蕾莎"的名字和精神，改名为特蕾莎修女。

她把一切都献给了穷人、病人、孤儿、孤独者、无家可归者和垂死临终者，她以博爱的精神，默默地关注着贫穷的人，使他们感受到尊重、关怀和爱。她没有高深的哲理，只用诚恳、服务而有行动的爱，来尽自己最大可能地为他人着想，帮助他人。从12岁起，直到87岁去世，她的一生都为受苦受难的人活着。

特蕾莎修女认为人类的不幸并不仅仅因为贫困、生病或饥饿，真正的不幸是当人们生病或贫困时没有人肯为他们着想，没有人愿意伸出援手，没有人对垂死者表达爱与关怀。

因为她伟大而奉献的一生，特蕾莎修女一生中曾18次被提名为年度最受尊敬人物中的十大最受尊敬女性之一。1979年，她获得诺贝尔和平奖。1999年，她被美国人民投票选为20世纪最受尊敬人物榜单之首，排在她后面的是马丁·路德·金与美国前总统肯尼迪。

为什么我们要格外强调培养女孩推己及人的心呢？因为，这实在

是情商培养中极为重要的内容。

现代情商理论认为，情商有5个方面，分别是：自我情绪认知、自我情绪控制、自我激励、同理心、人际关系处理。

其中，同理心指站在对方的角度来理解问题，将心比心，从而理解对方的做法，减少误会和冲突。这也就是我们所说的"推己及人"。

中国自古以来就把"推己及人"列为人际交往中极为重要的一环，"己欲立而立人，己欲达而达人""己所不欲，勿施于人"都是在强调这一行为的重要性。

心理学家发现，无论在人际交往中发现什么问题，只要你坚持设身处地、将心比心，尽量了解并重视他人的想法，就比较容易找到解决问题的方法。尤其在发生冲突和误解时，当事人如果能够把自己放在对方的处境中想一想，也许就可以了解到对方的立场和初衷，进而求同存异、消除误会。

现在很多女孩因为在家中被呵护得太好，她们往往很少从他人的角度思考问题，做事情很少考虑到他人的感受。这样的结果是她们不愿倾听别人的想法，说话无法引起对方的共鸣，导致人际交往矛盾迭出。

所以我们要培养女孩"推己及人"之心，教她做事时从别人的角度思考问题，考虑他人的感受；学会倾听，并真诚与人沟通，让人觉得被理解被包容，最终达到和谐的人际关系。

58. 在社会实践中历练女孩

2016年6月，美国总统奥巴马的大女儿玛利亚高中毕业，顺利考

入父母的母校哈佛大学。然而，她却选择推迟一年再进入哈佛大学。

放空的这一年，国外叫"Gap year"，直译过来叫"空档年"。

"空档年"在欧洲很常见。欧洲家长普遍要求孩子参加社会实践，从孩子儿童时期就教育孩子为家庭、他人、社会服务，并从服务中获得尊重和报酬。

在美国，"空档年"虽然没有欧洲那么常见，但是包括哈佛大学在内的不少高校都会建议学生选择"空档年"，通过实习、志愿服务或旅行等社会实践的方式来丰富阅历。

哈佛大学的官网显示，每年有80～110名学生选择延迟入学。全美每年会有3万～4万名学生选择"空档年"，2015年这一人数比2014年增加22%。

据"空档协会"介绍，不少学生在"空档年"期间出国学习、练习外语、在非营利组织服务或在公司实习。经历一年的社会实践后，这批学生进入大学学习后，往往表现得更加成熟，更加精力充沛，也更有可能成为学生领袖。

反观我们身边的不少孩子，双休日、节假日只知"宅"在家里，不是与电视电脑为伴，就是对着Ipad、手机目不转睛。偶尔有孩子主动提出要参加社会实践，又会遭到家长"外面世界太复杂"的阻拦。长此以往，难免造成孩子视界狭窄，社会经验缺乏，没有生存的经济压力，不知道金钱的来之不易，等到工作的年龄，往往眼高手低，难以踏踏实实，经不起半点挫折，无法独立生活，逐渐退化成"啃老族"。

"实践是检验真理的唯一标准"，事实证明，参加过社会实践的孩子和没有经过任何社会实践的孩子相比，在自理能力、独立能力、沟通能力及抗挫折能力上要强很多。

所以，我们要积极为女孩创造社会实践的机会，让她在丰富多彩的实践活动中，通过自己的眼睛、双手、心灵去认识社会，感知生活；让她在实践锻炼中体验生活的不易，感受人生五味；让她在体验中锻炼自身的抗挫能力，强大自己的内心；通过社会实践，让女孩在历练中不断成长。

为了培养女孩社会实践的习惯，我们应从小培养她为他人服务的意识，养成吃苦耐劳、勤奋踏实的劳动品质，不娇生惯养，不娇纵孩子。比如，应让孩子很小就做家务，养成自己的事情自己做的习惯。

其次，家长应有目的、有意识地按照孩子的年龄特点、兴趣爱好，在周末和寒暑假带她出门做社会实践。比如参加义卖、参加各种公益活动、去福利院看望孤儿、去老人院看望孤寡老人、去农村帮干农活、摆地摊卖玩具书籍、捡瓶子，等等。这些对孩子来说都是很好的历练。

如果可以，最好能找一些比较辛苦的实践活动让孩子参与，让她在肉体与精神的双重压力下不断突破自己，锻炼她的抗挫折能力和勇于突破极限的意志品质。

温室里的花朵经不起风雨的袭击。一株小树苗只有经过风雨的洗礼才能成长得繁茂粗大，才能抗击大自然的各种考验。同样，教养女孩也是一样，鼓励她在社会这个繁纷精彩的环境中接受各种实践的考验，她的脚步才会走得更稳，心灵才会更强大。

59. "输得起"的女孩才能赢

我们总是教孩子要努力赢，结果我们看到，很多孩子在"我必须赢"的理念引导下变得"输不起"。与小伙伴做游戏输了便大发雷

霆、不肯认输，甚至赌气摔玩具；一幅画没画好，就把辛辛苦苦画了很久的画撕碎。这样输不起的孩子，也就很难走向成功。

生活从来不是一帆风顺的，只有能经受住生活磨难、"输得起"的女孩，才能在跌倒后爬起来，继续昂然走向未来。

凯特·摩丝1974年生于伦敦，她从幼年起就立志做最出色的模特。然而，14岁就出道的她，身高只有1.64米，瘦骨嶙峋的身形犹如未发育的小孩，还天生略带畸形的O型腿，脸上也有着点点的雀斑——对比模特的要求，她的外形条件实在糟糕。

然而，面对一次又一次的质疑、不认同，她从来没有泄气。跌倒就爬起来再来，输了就努力下一次赢回来。

她昂首的姿态和睥睨的眼神，总让人感觉到强劲如野草的生命力；她奇异的长相和表情神态，拨动着人们的心弦；她把复杂人性中的某种特点和品质，通过她的神态和容颜，传递给了众人。人们终于发现她独到的魅力，各大奢侈品牌接踵而至的邀请证明了她的与众不同。她的穿衣风格，不仅使她成为全世界最令人瞩目的超模，成为众人的模仿对象，也给无数造型师、设计师带来了灵感和启发。

著名摄影师尼克·耐特说："摩丝有着美丽的外表，更有坚强的内心以及过人的聪慧。这些优点在她身上完美地融合在一起，所以她能吸引无数人为她痴迷，能保证自己一直屹立在时尚舞台的最前沿。"

可见，培养女孩承受挫败的容忍力，让她拥有一份"输得起"的精神，有助于提升孩子的"抗逆力"，使她日后遇到挫折时不容易跌倒，能以正面、乐观的心态战胜困难，走向成功。

那么，如何培养孩子"输得起"的精神呢？

从儿童心理学的角度来讲，孩子"输不起"是一种正常现象。无

论什么事情，孩子总是希望自己能做到更好，比别人强，获得周围人的认可。可是因为孩子年龄小，各方面都不成熟，并不了解自己的强项和弱项，在人前或是在集体活动中，一旦不如人、输于人时，就会表现出不满，不高兴。所以面对孩子的"输不起"，我们首先应该表示理解与尊重，不要嘲笑她，也不要责骂她。

其次，我们可以适当地主动制造失败机会，教孩子正视失败。

比如，我们可以通过运动比赛让她尝到"输"的滋味，在她感觉失望、不快的时候，告诉她"胜败乃兵家常事"的道理，同时告诉她，"输"的滋味不好受，但这是人生不可避免的事情，不过一次输不代表每次都会输，只要尽力参与，总会有办法成功的。就是说，既要让孩子知道"输"是人生常态，又要她在失败和挫折中坚强起来，不至于被失败和挫折打倒。

再次，我们还要让孩子拥有豁达的心胸。

经常看到有家长这样教育自己的孩子："你真窝囊，你不会跟他抢啊！"这样的引导，怎么可能让孩子"输得起"？要想孩子输得起，首先就得培养她的心胸。一个能以豁达心胸包容人和事的女孩，还有什么不能容下的呢？

最后，我们还要教会孩子从失败中反思自我，总结得失，争取下次成功。只有从失败中吸取经验教训，学会修正目标、调校方位、调整战略，这次的失败才是有用的失败。

60. 战胜内心的恐惧

达利娅·格里从小就是个"胆小鬼"。

5岁那年，读幼儿园的她有着严重的社交恐惧。当别的小朋友们聚在一起嬉戏的时候，她却总是因为害怕而坐在角落里。

小学的时候，老师来家访，忧心忡忡地告诉达利娅的父母，这孩子胆子太小，也许智力也有点儿问题，今后恐怕很难成功。

老师离开后，达利娅难过得掉下眼泪。父亲却笑着说："宝贝，无论谁，都有不完美的一面。你的手工是最棒的，说明你心灵手巧。做自己喜欢的事，坚持下去。"

因为有了父亲的鼓励，从此以后，她不但喜欢做手工，还常常动手搞些小发明。虽然她依然害羞，但她却不再畏惧与人交往，因为她坚信，自己也有美好的一面。

2010年，达利娅已是美国麻省理工学院的一名大学生。一个周末，她在超市听到有顾客抱怨："想要找到空车位，简直比彩票中奖还要难！如果谁能发明一种折叠汽车，那该有多好！"

说者无心，听者有意，回到学校，她开始搜集关于汽车构造方面的知识，一次次思考，反复画图。功夫不负有心人，经过半年的努力，她设计出了折叠汽车的图纸。

看她一副欣喜若狂的样子，有同学泼冷水说："你懂得如何生产吗？没有生产商，说不定图纸只能变成废纸。"

达利娅想起父亲的鼓励，笑着说："我的确不懂生产汽车，但我可以寻找合作伙伴。"

她在网上发布帖子，寻求可以合作的商家。这一次，她没有再因社交而恐惧，她变得自信而大胆，经过慎重的接触，她与西班牙一家汽车制造商签下了合约。

2012年2月，世界上第一款可以折叠的汽车面世。折叠汽车刚一亮相，就受到众多车迷们的追捧，厂商收到无数订单。

所谓恐惧心理，是在真实或想象的危险中，个人或群体深刻感受到的一种强烈而压抑的情感状态。其表现为：神经高度紧张，内心充满害怕，注意力无法集中，脑子里一片空白，不能正确判断或控制自己的举止，变得容易冲动。

恐惧虽然是人的正常心理，但恐惧过甚，就会使孩子变得胆小、畏缩、内向、害羞、不敢前进、难以成功。所以，我们一定要帮助孩子战胜内心的恐惧。

首先，我们要为孩子树立良好的榜样。年龄小的孩子往往不知道害怕，对某些事物的恐惧往往是受父母影响的。比如在日常生活中，有些母亲怕老鼠、蟑螂等，一见到虫子就惊声尖叫，这种恐惧心理与行为会在无意之中传染给孩子。所以，在孩子面前，面对恐惧的事物，父母首先要显示出沉着勇敢的样子，这才会给孩子增添克服恐惧的信心和勇气。

其次，我们要了解孩子恐惧的对象和原因。我们可以让孩子从1到10之间，把所有她害怕的东西列举并量化出来，例如：怕黑是10，最高；怕狗是3，较低。然后再让她把为什么恐惧这些事物的原因写下来。这样能帮助我们了解她害怕的东西有哪些，分别有多高的惧怕程度，以及原因是什么，才能更好地对症下药。

接下来，我们要借助成功的体验来消除孩子的恐惧，即陪她一起主动面对令她恐惧的事物，并安抚她平静下来，拿出最大的勇气去战胜原本害怕的事物。比如当孩子对黑暗恐惧时，我们可以与孩子一起玩关灯抢球的游戏，在游戏中，孩子不断体验成功，也就自然战胜了恐惧。

最后，家长一定要记得，千万不可强硬地把孩子丢入恐怖的环境中，否则将会使孩子变得更加害怕相应的情景。平时父母不要给孩子讲鬼神的故事，也不要让孩子看恐怖影视片，更不要用鬼神、老虎之

类的恐怖事物来吓唬孩子，否则只会加重她的恐惧心理。

61. 用正面情绪消解负面情绪

情绪可分为两种：消极的和积极的。积极情绪包括愉快、欢乐、满意、高兴、幸福、眷恋、自豪等；负面情绪则包括失望、不安、忧虑、恐惧、愤怒、生气、焦虑等。

无论是大人或是孩子，都会有情绪，情绪是一种能量，本身没有好坏之分。情绪会来也会走，尤其是负面情绪。

负面情绪虽然无可避免，但总的来说，负面情绪对人的消极影响颇多，而正面情绪则常常带给人乐观、自信、豁达、开朗等积极品质，所以我们应该尽量培养孩子的正面情绪，努力消解她的负面情绪，以使她成长为乐观开朗、积极向上的"阳光女孩"。

在培养女孩正面情绪的时候，父母尤其是母亲，要多多自我观察，要以积极的情绪状态与孩子交往，尽量不要让自己的负面情绪影响到孩子。比如，在工作中遇到不顺利的事情，很多父母回家后往往暴躁易怒，甚至以骂孩子来发泄自己的怒气，导致孩子吓得发抖。这些都是应该尽量避免的问题。

在积极培养女孩正面情绪的时候，我们还要了解孩子的情绪发展规律，摸清她的情绪表达方式与特点。既不能以照顾为名而进行控制，也不能以尊重为名而进行溺爱。也就是说，既不能总是打击孩子，也不能一味"让"着孩子。严厉控制、打击型的父母教出来的孩子，只会害怕一切不好的事情，却没有能力处理；厌恶自己的负面情绪，又没有能力摆脱，最终陷入恶性循环。而后面一类父母，随意答

应孩子的不合理要求，过于溺爱的情绪处理方法只会教出脾气娇纵的孩子，这样的孩子得不到就哭闹，遇事喜欢推卸责任，没有担当。

如果孩子已经出现愤怒、悲伤、害怕等负面情绪时，我们应该怎样做呢？

有的家长只注重培养正面的情绪，刻意避免负面的情绪，这种做法有失偏颇。因为，负面的情绪只能尽量减少，而不可能完全避免。一旦这种负面情绪产生，家长对此事透露出的态度更加重要。面对孩子的大哭大闹，家长很容易烦躁，因为情绪是可以传染的。这时有些家长会不耐烦地说"你烦死了……""你能不能安静点……"之类的话，这其实都是在打击孩子。

要知道，孩子最需要的是得到父母的认同和接纳。当她产生负面情绪时，父母应该立刻告诉她，任何情绪都是人的正常反应，不必有心理负担，不必因此怀疑自己，父母会陪她一起面对。然后，我们可以教会孩子一些宣泄负面情绪的方式，比如哭泣、大声叫喊出心中的不快、找人聊天、写日记、做运动、随意画画、出去走走……

最后我们要知道，即使是"负面"情绪，如果巧妙利用，也可以变成正面的激励。

负面情绪与正面情绪间的转化列举如下：

（1）生气：它经常与我们不喜欢的情况相连在一起，为我们提供能量，使我们采取行动对这些障碍和困难做出反应。

（2）悲伤：能促进深沉的思考，使人从失去中取得智慧，从而更珍惜目前拥有的。

（3）后悔：提醒我们，日后要找出一个有更好效果的做法。

（4）左右为难：说明内心价值观的排序尚未清晰明确，提醒我们明确内心价值观排序。

（5）恐惧：可以提高神经系统的灵敏度，并能使意识性增强，提高对潜在问题的警觉性，使我们迅速做出反应，并在必要条件下选择逃避。

（6）愤怒：给我们力量，让我们去改变一些不能接受的现实。

（7）失望：促使我们对期望的东西重新评估，并对目标和手段进行调整。

（8）忧虑：使人集中注意力，从而产生动力。

（9）痛苦：指引人找出方向，摆脱危险，避免重蹈覆辙。

也就是说，我们可以引导孩子找到负面情绪中的"正能量"，主动积极调整心态，化"负"为"正"。

62. 学会自我管理，让女孩更美好

要想提高孩子的自我管理能力，首先要培养孩子的自我管理意识。有了明确的意识，孩子才会自觉遵循，把自己的需要和自我管理结合起来，像对待吃饭睡觉那样对待成长过程中的自我管理。

惠普前任女掌门卡莉·菲奥里纳曾是男性主导的硅谷中最亮丽的一道风景。精明强干、坚忍不拔的卡莉曾两度荣登财富"最有权威的女企业家"榜首，吸引了全世界的目光。

而卡莉之所以如此成功，是因为她从小受母亲影响，从母亲那里学到了自我管理的方法，从而变得坚强、博学和热爱生活，并受益一生。

卡莉出生于美国得州，父亲是联邦法院的法官，母亲则是一位艺术家。在卡莉心中，母亲一直是她最崇敬的人。母亲热爱生活，教卡

莉做人的道理，使卡莉的潜能得到最大的发挥；母亲对自我的人生有规划、有原则，使卡莉很早就懂得自我管理，朝目标不懈努力。卡莉童年时代随父母游历了不少国家，不仅开拓了眼界，更培养了思考问题的广度和深度。在这些因素的共同作用下，她成了一个有勇气、有魄力、能规划自我人生并热爱生活的人。

所以，在孩子幼年的时候，父母要帮助孩子认识到自我管理是促进个人成长和发展的重要途径，只有这样，孩子才能自觉而有效地管理自己的思想、言论、行动，将自己的潜能发挥到最大。

那么，我们可以从哪些方面帮女孩学会自我管理呢？

方法一：让女孩学会管理自己的生活。

若父母在生活中总是为孩子包办代替，则会使孩子形成"只要我不愿意做的事情，父母就会帮我去做"的意识，也就失去了自我管理的能力。因此，父母要通过各种形式让孩子知道，自己已经长大了，要学会自己的事情自己做，更要让孩子意识到，自己有能力管理自己的生活。在信心的鼓舞下，孩子会很好地管理自己的生活。

方法二：让女孩学会管理自己的时间。

时间管理的教育最好从让孩子感受时间开始。只有对时间有了感觉，知道它是个什么东西，孩子才能去管理它。

感知时间的教育宜早不宜迟。孩子两三岁的时候，我们就可以教孩子熟悉基本时间概念，让孩子了解每个时间段大致应该做什么，让孩子懂得大块时间的划分，且明白时间时时在流动、变化，过去了的时间就永不能再回来。我们还应该让孩子学会分辨准时、提前和迟到的概念，并懂得迟到是不好的行为。

方法三：让女孩学会管理自己的学习。

孩子到了上学的年龄，父母就要教给她学习中应注意的事项，以

及在学校里应该注意的常识,比如要爱护和整理书包、课本、文具,怎样使用文具,并且要教孩子能按照老师的要求制作简单的教具等。

在孩子学习的过程中,父母还要注意,当孩子的学习和其他事情发生冲突时,要引导孩子协调好学习和其他事情的矛盾,让孩子把注意力放在学习上面,在完成学业的基础上去做其他事情。只有这样,她才能集中心神,努力学习。

63. 把对手视为朋友

1966年11月,苏联吉尔吉斯斯坦共和国奥什市某中学校运动会中,女子马拉松正在进行。

其中一个女孩子名字叫作奥通巴耶娃,她身材中等,体形稍瘦,是最有实力的选手之一。

比赛开始后,奥通巴耶娃遥遥领先于其他同学。然而,在离终点还有两公里时,她感觉自己的体力下降得厉害,脚下如灌了铅一般沉重。她意识到,今天后半程的状态欠佳。此时,后面的一位同学超越了她。奥通巴耶娃鼓足力气跟了上去,却仍是与对手差了半臂距离。

奥通巴耶娃口干舌燥之际,跑道边为她加油的同学及时给她递上一瓶水。奥通巴耶娃喝了几口,稍稍振奋了精神,她抬头一看,前面的选手也已经体能不支,却无人给她递水。

这时,出乎所有人的意料,奥通巴耶娃竟然将那瓶没有喝完的水递给了跑在她前面的同学。

比赛的结果可想而知,那个同学由于及时补充了能量,破天荒地打破了校马拉松的运动会纪录。

在所有人惊讶、不理解的目光中，奥通巴耶娃接受校杂志采访说："我已经体力不支，即使补充水分也不可能战胜她，所以，我想帮助她打破纪录。要知道，这个纪录已经20多年没被打破了。"

这个叫奥通巴耶娃的女孩子，毕业后踏上仕途，先后担任过吉尔吉斯斯坦外交部长、反对派领导人，并且领导过"郁金香革命"。

2010年7月，吉尔吉斯斯坦爆发骚乱，奥通巴耶娃临危受命，担任吉尔吉斯斯坦过渡时期总统，成为吉尔吉斯斯坦名副其实的掌门人。

"视对手为朋友"的做法出人意料却又显得那么大气、高贵，这使得奥通巴耶娃无论在朋友中间还是在对手中间都赢得了良好的口碑，也使得我们明白了什么是高尚的竞争。

这个世界是一个处于竞争中的世界。生活中几乎每一个人都有对手。这些对手可能是你的敌人，也可能是你的同伴。采用什么样的态度来对待你的对手，看起来好像是一件小事，却决定着一个人的格局。

很多人在与对手竞争时，都陷入了一种观念上的误区，那就是把对手视为敌人，不择手段地打击对手，以达到取胜目的。这种心态只会导致我们的女孩变得越来越"小气"，越来越尖酸刻薄、不择手段，最终丧失内心的美好。

所以，我们在教育女孩的时候，要让她学会尊重对手、正视对手，把对手当成朋友。

我们要告诉女孩：没有对手是可怕的。没有对手，会导致人没有危机感，也就会停步不前。只有与对手竞争才能让人勇于面对任何挑战和困难，让人在竞争中成长。对手让人更努力，更刻苦地向目标冲刺，对手能给予人无穷的动力，对手的存在能让人从不放弃奋斗，不

断超越自我。

面临时下日趋激烈的竞争,与对手竞争时,要抱着欣赏对手,向对手学习的心态,学习对手的长处,弥补自己的短处,这样才能提高自己,走向成功。

第六章
做魅力非凡的女孩

64. 博览群书，腹有诗书气自华

中国古话里讲：相由心生。读书，就是一种可以从内而外带给你变化的事。读书和健身的道理很像，健身和不健身的人，隔一天看，没什么区别；隔一个月看，区别很小；隔5年10年看，身体和精神状态就有了巨大的差别。

我们经常说，民国是一个充满了美女的年代。但翻看遗留下来的画像，以现代人的标准，她们五官真的是很美的吗？恐怕并非如此。她们的美，更多的美在气质，那种饱读诗书而带来的举手投足之间的高贵气质。

这样的例子，古今中外不胜枚举。

公元370年，希帕蒂娅出生在亚历山大城的一个知识分子家庭。父亲赛翁是有名的数学家和天文学家，在著名的亚历山大博物院教学和研究，一些有名的学者和数学家常到她家做客，在他们的影响下，希帕蒂娅博览群书，聪慧而有气质。10岁左右，她已在父亲的教导下掌握了相当丰富的算术和几何知识。利用这些知识，她设计出利用金字塔的影长去测量其高度，受到父亲及亲朋好友的交口称赞。

二十来岁的时候，她因卓越的气质、渊博的学识、高雅的气度，吸引了整个雅典，无数英俊的少年对她产生爱慕之情，称赞她为最美的女神。

希帕蒂娅是女孩读书的最好范例，读书潜移默化地影响着她的逻辑、思维和谈吐，引起她神韵、气质的变化，使她最终成为气度不凡的"女神"。

培养女孩的读书习惯，我们首先要创设良好的家庭读书环境。一个家庭有没有书，孩子是不是经常能接触到书，这与孩子是不是喜欢阅读有着很大的关系。如果条件允许，家长应多多买书，只要是对孩子阅读有益的书籍，都买回家，放在孩子每日见到的地方。天长日久，孩子每天所见都是书，随意翻翻，慢慢就会对书产生兴趣。

此外，只有热爱读书的家长才能培养出爱读书的孩子。家长首先要喜爱阅读，懂得阅读的方法，了解书籍的内容，这样才能指导孩子阅读，用自己的行为带动孩子。培养孩子养成阅读习惯的初期，最重要的是要多读文章给孩子听，这样不仅可以延长孩子注意力的时间，增加孩子的识字量，激发孩子的想象力，促进她的情感发育，更重要的是可以培养她读书的兴趣，从而使孩子自觉自愿地想去读书。

在孩子小时候，父母要选好孩子"爱看"的第一批书，使孩子对书产生好感，激发读书的兴趣。阅读初期，父母一定要对书刊进行精心的挑选，尽量给孩子提供一些印刷美观漂亮、内容丰富有趣、情节发展符合儿童想象和思维特点的图画书，如动物画册、彩图科学、故事绘本，等等。

除了引导孩子读书，父母还可经常与孩子在一起交流读书的方法和心得，鼓励孩子把书中的故事情节或具体内容复述出来，把自己的看法和观点讲出来，然后大家一起分析、讨论。如果经常这样做，孩子的读书兴趣就会变得更加浓厚，阅读和思考的水平也将逐步提高。

总而言之，腹有诗书气自华，教养女儿就要让她多读书，因为女孩读书之后不只可以扩展自己的学识，更能提升她的气质和品位，充实她的内心，丰富她的灵魂。

65. 做落落大方的"韩梅梅"

受人欢迎的女孩通常都有一种大家风范，在交际场合表现得落落大方、应对得体、收放自如，没有一点小家子气。英语课本里的韩梅梅就是女孩落落大方的范本，她总是显得自信又温和，说话得体，乐于助人，所以赢得了大家的喜爱。

现代社会是一个开放的社会，也是一个竞争激烈的社会，相较于羞答答的女孩，一个大气的女孩更能适应不断变化的环境。

要想杜绝女孩的小家子气，父母一定要让她摆脱羞怯的困扰。

害羞的女孩大多逃避社交场合，不愿意主动与人打交道。为了保护自己容易受伤的心灵，羞怯的女孩往往采用一种消极退缩的方式。但如果女孩心理上产生长期恐惧，就会形成社交恐惧症，把别人负面的评价看得比什么都重，因此变得更加无法适应社会。

从心理学角度来说，少儿早期，害羞的个性是天生的，对新事物和新环境过于敏感往往来自遗传。父母总会看到这样的场面：有些三四岁的孩子早已迫不及待想立即加入到游戏当中去；另一些孩子却缠着父母，死活不愿意离开半步。后者就是羞怯内向的孩子，他们之所以不参与游戏，是因为在这种公众场合里，他们感觉有很大的压迫感。

羞怯拘谨是社交场合最大的敌人，这种羞怯在被父母过度保护的

女孩身上尤其明显。有的父母总是对女儿爱护有加，怕其经不起摔打，动不动就说"你不行""你还小"，结果造成女孩的腼腆、害羞、依赖心强。

还有些家长喜欢当着孩子面对别人说"我家女儿比较害羞"，长此以往，孩子心里就会有种心理暗示，觉得自己害羞，无法与人大方得体地交谈。

也有些家长脾气比较急，孩子稍微表现出害羞胆怯的样子就指责她不够大方得体，这样的话，孩子的自信心会受到严重挫伤，也就更不容易表现得大方得体了。

因此，我们首先要鼓励孩子勇敢"走出第一步"，要敢于放手让女孩在生活的海洋中得到磨炼，比如多带她参加朋友的聚会、聚餐，视她为成年人。

做客前父母应先向女儿介绍一下造访的对象，让女儿有必要的心理准备。比如，可以在带孩子去别人家做客前这样给她介绍："我们要去的张叔叔家里有很多玩具，他家还有一个跟你差不多大的小朋友，很希望和你一起玩。"诸如此类的话，可以帮助女儿消除陌生感，树立信心。

在做客之后，父母还要抓住时机对女儿的表现进行表扬。这不仅是对女儿的认可和鼓励，更可促使她向着更好的方向发展。时间长了，她就会渐渐变得大方起来。

对于正在成长中的女孩来说，平等、理解、温馨的家庭环境能给她勇气和自信，使她更容易克服羞怯心理，让她逐渐变得自然大方、含蓄而不拘谨，矜持而不小气。

每个女孩都有闪光的一面，父母的任务就是要将女孩闪光的这一面继续发扬光大。当女孩对自己的能力充满信心时，大方不扭捏的气质自然水到渠成，优雅脱俗的气质也会慢慢形成。

66. 举止优雅，不做"野孩子"

古今中外，人们对美好女孩的要求有很多，但其中不变的一条永远是"举止优雅"。

美丽的相貌和优雅的风度是一封长效的推荐信。

——伊莎贝拉

一个人的行为举止、风度仪表是展现外在魅力的主要方式之一。得体的行为举止使女孩优雅迷人。即使是一个最普通的女孩，只要她行为得体、举止优雅，自然会使人们久久难忘。一个女孩的一举一动、一言一行都与她自己的气质相关。如果注意小节并使之规范化，会为女孩的气质加分。此外，还有一个不争的事实：在所有女孩之中，那些行为举止优雅，显得很有修养的女孩，一定是最受欢迎的，也一定是有较好的发展机会与人际关系的。

——富兰克林

礼仪修养是一个人全部品德的基础，不礼貌不文明的行为，既不利于孩子自身的发展，也将严重危害孩子的品性。

——赫·斯宾塞

然而时下，我们总是看到很多女孩越来越像"野孩子"。"野孩子"动作粗暴，富有攻击性，举止粗鲁，没有半点礼貌。这并非真正的"男女平等"，而是一种应该杜绝的不文明现象。

让女孩有着优雅得体的举止，是"富养"女孩的有机组成部分。

让女孩的行为举止更文明优雅，并不是要将女孩培养成柔弱的寄生虫，也不是束缚女孩的个性发展。她可以爽朗率性，但不能举止粗野。之所以要塑造女孩的文明举止，并不是要束缚女孩活泼开朗的性格，而是要求女孩注意自己的形象，举止自然从容，礼仪大方得体，远离不雅举止，从而收获欢迎和尊重。

那么，怎样的仪态才算美呢？严格地讲，虽然没有固定模式，但却有一些公认的标准。人们往往是从传统的美德和习惯出发来接受一些约定俗成的东西，比方说站姿、坐姿以及走路的姿势，有时候就足能看出一个人的修养。

首先，我们要让女孩注意站立的姿势。

站姿一定要挺立，抬头挺胸收腹，这是最起码的站姿，不管在哪里，在哪种场合，只要是站就要保持这种形态，长久下来就会形成一种习惯。而且，这对于成长中女孩的身体塑形也很重要。告诉你的女儿，站立时身体要直立、挺胸收腹、脚尖稍向外呈 V 字形，切不可无精打采、缩脖、耸肩、塌腰；正式场合不能双手叉腰或将双臂环抱于胸前。

其次，我们要让女孩做到坐姿优雅。

女孩坐着时，父母要让她做到上身端正挺直而不死板僵硬，不能半躺半坐，双手自然放在膝上或扶手上；腿可以并拢向左或向右侧放，不要跷二郎腿，不要两腿叉开。

有的人为了表现得豪放，坐着的时候，常常让身体斜躺着，架起二郎腿，结果就给人一种粗俗失礼的感觉，也令人产生反感。

再次，我们要让女孩做到走路姿势端正优雅。

不含胸、不低头、挺胸收腹是走路时最基本的姿势，同时还要走得自然，目不斜视。不要急步流星，也不要像生怕踩了路上的蚂蚁似的畏首畏尾，要不快不慢，稳稳当当。

最后，我们还要注意女孩的礼仪教育。

比如，父母要教会女儿尊老爱幼、乐于助人、礼让他人的文明礼仪。比如，用餐时要注意餐桌礼仪，让女儿保持坐姿良好，正确使用餐具，自己不喜欢的食物不要多取，用餐之后记得道谢，等等。

67. 修炼属于女孩的高贵气质

我们常常说，要让女孩有"贵族精神"，这个贵族精神，首先表现在修炼女孩的高贵气质上。

高贵的气质带给女孩的好处非常多，它不仅赋予了女孩柔性、大气、得体、高雅之美，更为女孩成长为真正的淑女奠定了强有力的基础。

郭婉莹是大富商郭标的四女儿，从小锦衣玉食。她和宋氏姐妹毕业于同一女校，从小接受美式教育。她在燕京大学念书，好朋友是康有为的外孙女。

她是父母最宝贝的小女儿，但父母却从来不溺爱她，反而对她要求极为严格。

父亲怕她沾染小姐脾气，所以每天早上都会带着她去院里花园打理鲜花，让她亲自动手做事，同时也告诉她做人的道理：做人要像花又不像花，不要娇气要骄气。

1920年，郭婉莹进入中西女塾就读。中西女塾是一所名副其实的贵族学校，宋庆龄、宋美龄、张爱玲等人都曾于此就读。

中西女塾的管理非常严格。学生不准佩戴任何首饰和珠宝；自己的床,必须整理得一丝不苟;在走廊停下说话,必须让到一旁。任何家庭背景的学生都不能例外。

学校的校训是:成长、爱人、生活。教育是美国式的,用全套美国课本上课。目的只有一个:让学生一生年轻和愉悦地生活。

"文革"开始后,郭婉莹的生活从天上掉落泥地,她被赶出大宅去刷马桶,直到十指变形。

但即便去刷马桶,她也要穿着优雅的旗袍。没有烤箱,她用饭盒也要蒸圣彼得堡风味的蛋糕。没有茶具,她用搪瓷缸子,也要天天喝自制下午茶。

不管生活给她什么,她都高昂下巴,坦然接受。她说:"要是生活真的要给我些什么,我就接收它们。"

从小受到的高贵教育,锻造了郭婉莹一生的高贵气质,也使她在后半生历经折磨时仍能保持高雅的品位、高贵的心灵。她用一生告诉我们:贵族之所以是贵族,并不在于财富有多少,也不在于权力有多大,而在于具有一种高贵的精神。

父母帮助女儿打造高贵的美丽,并不仅仅是从外表上打造女孩。高贵的关键在于整体性的把握,即女孩外表与内心的和谐高贵。

这需要让女儿对她自己有清醒的认识,了解自己的潜质和不足,懂得如何使用得体的服装、恰当的点缀(比如饰品、妆容),同时更要有美好、善良的心灵,要有良好的言谈举止,要懂得让自己保持清爽独特的气质和不断向上的力量。

我们要培养女孩学会微笑,把微笑当成女孩必修的课程,当成一种交际语言。一个气质高贵的女孩,当她绽放出笑容,格外能打动人心。

同时,我们要培养女孩子的率真性格。高贵不等于矫揉造作,高

贵的女孩像出水芙蓉，自然、清新、大方、清雅、高洁。这要求我们培养女孩真、善、美的性格，让她保持生命的本真，做最好的自己。

总而言之，我们要帮助女孩修炼属于她的高贵气质，这样，女孩才能超越俗世，显示举世无双的和谐美。

68. 音乐让女孩的内心更悠扬

人们常说学习音乐有利于智力的开发。的确，如果条件允许，让女孩从小学点音乐，学习一门乐器，将会对她的智力启蒙、身心健康、性格发展产生相当大的影响，使她受益终生。

美国波士顿儿童医院的研究人员将一批9岁到12岁的儿童分成两组，一组接受过正规的音乐训练，并在两年内演奏过乐器，平均每周学音乐的时间为3.7小时，另一组从没学过音乐。

研究人员通过功能磁共振成像扫描发现，上音乐课的孩子，大脑中与高级认知功能关联的脑区机能得到提高，这些高级认知功能包括学习并记忆新信息、做出正确选择、解决问题、做规划等执行功能。研究人员表示，执行功能比智商更能预测一个儿童未来的学业成就，也就是说，学音乐的儿童日后在学术前途上可能更有发展。

文学家雨果曾经说过："开启人类智慧有三把钥匙，一把是数学，一把是字母，一把是音符。"可见音乐教育对于人的成长具有多么重要的意义。

音乐作为一种表达心灵感受的语言，不仅可以提高孩子对情感的感受和体验能力，还可以提高孩子的文化修养。

对于女孩子来说，从小培养音乐兴趣，除了能启迪智慧、影响性格外，还能使她在音乐的熏陶下陶冶情操，提高艺术修养和气质，感受快乐，愉悦精神，拥有一种与众不同的灵动气质。

在引导女孩学习音乐的时候，父母一定要记得，不要强求女孩学，不要为了考级而学，那些都会挫伤女孩学音乐的积极性。

不管是否有音乐天赋，女孩的音乐学习主要是兴趣爱好培养的过程。在6岁以前，父母多注重对女孩音乐兴趣的引导，能为她日后的音乐学习打下良好的基础。父母要让她快乐地学习，让她从音乐中感受到快乐。有了音乐的伴随，女孩的灵动气质自然会水到渠成地得到培养。

为了培养女孩的音乐兴趣，我们可以创设音乐环绕的日常生活，让音乐伴随着她的活动。比如，起床时为她播放一些活泼、有力的乐曲，吃饭时播放一些优美、舒缓的乐曲，运动时播放一些节奏感强的曲子，睡前播放一些轻松、安静的催眠曲，等等。当孩子生活在一个充满美妙音乐的环境中，她的节奏感和对音乐的感受能力会得到很大程度的提升。

对于打算让孩子学习乐器的家长，我们不妨看看儿童音乐教育专家怎么说：

3岁以下的孩子，肺活量小，学习吹奏乐有困难，开始最好不要选择这类乐器；

4～5岁可以开始学钢琴、电子琴、手风琴等键盘乐器；

学习弦乐器，如小提琴、古筝等，最好在5岁半之后；

一般来说，学习键盘乐器一年，基本掌握了音准和节奏感后，再转学弦乐器会更好。

需要注意的是，孩子的学习动力源于兴趣，所以，在帮助孩子选择乐器时，我们要尊重她的意愿，让她选择自己喜欢的乐器，父母可以引导，但不要强迫她。

69. 舞蹈让女孩拥有更美的形体

穿上薄薄的纱裙，高高地踮起脚尖，像天鹅一样舞蹈……很多女孩子小时候都曾经做过这样的"天鹅梦"。那么，让女孩练习舞蹈到底有哪些好处呢？

女孩学舞蹈的好处有：

（1）形体优美：正处于快速生长发育时期的孩子，经过舞蹈训练（如挺胸、抬头、收腹）能站得更直，形体更优美，且能纠正驼背、塌肩等形体问题。舞蹈能促进少年儿童的生长发育，据统计调查，同样性别同年龄的儿童，参加舞蹈训练的比不参加舞蹈训练的，身高平均要高4~8厘米。

（2）动作协调：舞蹈需要全身各部位的配合，通过音乐与舞蹈动作的和谐达成动作协调性的训练，并且使孩子更有节奏感。

（3）肢体灵活性和柔韧性：由于经常练习压脚、劈叉、下腰等动作，孩子的柔韧性更强，动作灵活性更好。此外，经过训练，儿童的力量、控制、稳定性、耐力等方面的素质都会得到提高。

（4）锻炼毅力：从基本功开始，舞蹈训练能培养儿童不怕吃苦的精神，磨炼坚强意志。

（5）提高身体素质：舞蹈需要一定的体力消耗，练习后能促进孩子食欲，增强消化机能，提高身体抵抗力，减少生病机会。舞蹈使少儿神经系统的结构和机能发生适应性改善，促进视觉、听觉、肢体感

觉等各个感觉机能的提高，使大脑更灵活、健全，反应更迅速，动作更灵敏。舞蹈还有利于提高生理机能。训练能够改善心肺系统的结构和功能，减少患心脏病的危险性，降低血压和增加骨骼密度，同时使人精力和体力更加充沛，不易疲劳。

（6）提高合作能力和集体荣誉感：舞蹈有独舞、双人舞、集体舞，只有配合默契才能表演好，由此能训练孩子们的合作精神，养成自觉遵守规则、纪律的习惯，培养了协作的观念。

（7）培养审美情感：舞蹈通过音乐、动作、表情、姿态表现内心世界，使孩子潜移默化地接受艺术表演的熏陶，使孩子们热爱生活，并能欣赏美、体验美。

（8）培养自信心：舞蹈演出能培养孩子当众表演的能力，使孩子们不怯场，表现力强，增强自信心，锻炼心理素质。

（9）培养孩子的想象力：舞蹈是通过形体、动作、眼神来表现的，在跳舞的过程中，孩子的想象力、创造力都能得到激发。尤其是自编自演的作品，更能促进孩子智力发展。

那么，什么时候让女孩学舞蹈比较好呢？

一般来说，孩子学习舞蹈的年龄应该从4周岁开始，慢慢培养。初学的时间不宜过长，每天学一个小时左右即可，并且中间还应有短暂的休息，以免时间过长或过累而影响孩子身体的正常发育。

5～7周岁的时候，属于学舞蹈的初期时段，不要过分地让孩子做劈腿、下腰等高难度的动作。可以采用积极鼓励的方式，让孩子对着镜子看着自己做动作，培养孩子对舞蹈的兴趣。这样培训两年左右，就可以要求孩子的基本功专业一点儿了。

孩子开始专业地学习舞蹈，在7～10周岁之间为宜，这时孩子的身体骨骼发育比较完全。

学舞蹈的时候，怕苦、怕疼的小女孩们多半都会有畏缩、抗拒的时候，父母既要尊重她的选择，也要在她处于退缩的时候态度坚决。这不仅是为了孩子形体更美好，更是对孩子意志力的一种强有力锻炼。

70. 绘画让女孩的审美能力不断提升

1981年，美国心理生物学家斯佩里博士通过著名的割裂脑实验，证实了大脑不对称性的"左右脑分工理论"，因此荣获诺贝尔生理学或医学奖。左右脑分工理论告诉我们：3岁以下的孩子，天生倾向于偏右脑思维状态，而右脑的潜能如不加以开发，会在成长中逐渐丧失。大脑的偏侧优势大约6岁时形成。

其后，日本教育专家七田真教授通过大量的研究表明：大脑在3岁以前完成60%的发育，6岁以前完成90%，右脑在3岁以前开始发育，左脑从4岁开始发育。孩子6岁前以右脑活动为主，以后逐渐向左脑过渡。在6岁以前给予儿童必要的脑刺激和脑开发训练是非常重要的，错过这个关键期，孩子一旦成为偏脑型人，将来学习就会事半功倍。

可见，越早意识到右脑潜能开发的重要性，越能抓住孩子培养的关键期。

那么，如何及早开发孩子的右脑呢？我们不妨让孩子去学一学绘画。

其一，绘画能锻炼孩子的综合思维能力。

从简单涂鸦开始，孩子就在不断创新。从大量的儿童绘画作品和儿童绘画过程中我们可以了解到，孩子绘画是一种加强记忆力、促进观察力、培养想象力的过程。它是由微妙精细的观察能力、形象的思维能力、高效的记忆力、创造的想象力，再加上手的协调运动和丰富的表达能力组成的。

其二，绘画能提高孩子的观察能力。

一个人对于变幻莫测的大千世界的充分认识是从观察开始的。那么什么是观察呢？心理学告诉我们，观察是一种有目的、有计划、比较持久的认识某种对象的知觉过程。艺术家则用审美的眼光观察生活，并把各种事物和形态表现为美的形象。所以，让孩子学点绘画，孩子的观察与审美都能大幅提高。

其三，绘画能帮助孩子表情达意。

孩子有着天性的童趣和强烈的表现欲，他们的喜怒哀乐跃然纸上。在他们还不能用丰富的语言来表达内心世界的时候，手脑结合的方式——绘画便产生了。也就是说，其实每一幅画都是孩子真实内心思想的写照，是孩子情绪的外在表现。

其四，绘画能提高想象力。

为什么我们总是很难看懂孩子画的是什么？因为我们跟孩子的想象力、认识能力有差别。成人都喜欢规矩、真实的东西，而孩子的世界里充满了童话般的烂漫。孩子对色彩的运用大胆、热烈，充满幻想，因为在孩子眼里，世界本来就是丰富多彩的。

关于学习绘画的年龄，一般的规律是5～9岁是儿童学习画画的阶段，学龄前是孩子的"涂鸦期"，学龄开始孩子进入自由作画时期。这一阶段孩子的想象能力有了较大发展，可以借助自己的想象画出许多大人们想象不到的图画，父母要及时发现孩子的创造力，培养她观察事物、表现生活的能力。

在绘画的过程中，女孩子卓越的个性能力、审美能力，都可以得

到很大程度的提高。为了在自己的画纸上创作出美丽的图景，她们学会了观察美、体悟美、展现美……

我们可以对绘画的作用这样进行概括：绘画，赋予了女孩子更多感悟美的能力！

71. 终身学习，不断超越自我

终身学习是指社会每个成员为适应社会发展和实现个体发展的需要，贯穿于人一生的持续的学习过程。即我们常说的"活到老，学到老"。

国际21世纪教育委员会在向联合国教科文组织提交的报告中指出："终身学习是21世纪人的通行证。"现代人类正处于知识大爆炸的时期，养成终身学习的习惯对于人的未来发展极为重要。

2009年8月8日，索尼娅·索托马约尔宣誓成为美国联邦最高法院第111位大法官，她也成为美国历史上第一位拉丁美洲裔大法官。

索尼娅·索托马约尔出生在纽约贫民区，父母来自波多黎各。索尼娅自幼丧父，家境贫寒，然而，她的母亲极为重视子女的教育，她和弟弟也因此终身受益。

索尼娅在回忆录中说："我们住的地方充斥着各种穷人，还有染上毒瘾的人。但对于苦难，每家人都有不同的选择，母亲则选择将我们的教育放在第一位。她给孩子们买了《大英百科全书》，那在贫民区算是新鲜物，为此她在邻里间颇有名气。"

母亲赛琳娜对待教育的态度同样源于其自身经历：她小时候，波

多黎各女孩子受到的教育的少之又少。但她却用一根木棍做教鞭，假装给后院的树木讲课，从而记住了每一堂课的内容。17岁时她加入美国陆军妇女队，在美国受训后留在了美国工作。

赛琳娜不仅关心子女的教育，还注重自己的不断学习和进步。在子女上高中时，她曾请子女帮助自己重返校园。当时赛琳娜只是职业操作护士，如果通过考核成为注册护士，她就能赚更多的钱供子女读书。赛琳娜成功了。

母亲的坚强执着和坚持学习的态度深深地影响了索尼娅。

1976年，索尼娅以当届普林斯顿大学"最优等生"的荣誉毕业。1979年，她取得耶鲁大学法学博士学位。求学耶鲁期间，她还担任了《耶鲁法律杂志》月刊编辑。

2009年，在宣誓就职最高法院法官的仪式上，索尼娅由衷地感谢并紧紧拥抱了82岁的老母亲。

"永远别让一扇门挡住你的去路。"这是美国最高法院大法官索尼娅·索托马约尔在其最新出版的回忆录《我挚爱的世界》中说出的一句警言，也是她人生中坚守的信念。

21世纪是"知识爆炸"的时代，社会变化急剧，专业知识更新周期越来越短，旧知识淘汰很快，我们随时面临知识危机。任何人都不可能一劳永逸地拥有足够的知识，这要求我们必须培养女孩终身学习的意识，帮女孩养成终身学习的习惯。

首先，我们应鼓励女孩养成随身带本书的习惯。也许她学习时间很紧，能看书的时间不多，但是我们可以让她随身带本书，一有时间就翻一翻。光是利用每天活动间隙的这点时间，一周可以看完一本书，一年可以看完50本。

此外，我们可以帮助女孩列出"待学清单"，写上新领域的学习

想法。比如学一门新语言、一个技能或是阅读一本名家著作。

我们还应多鼓励孩子加入学习小组,让她在与同学的互助交流式学习中不断进行思想的碰撞,从而学到更多东西。

总而言之,方法是次要的,重要的是帮助女孩养成热爱学习、终身学习的习惯,这是她一生中不断自我超越的基础。

72. 善解人意的女孩更有魅力

1977年,奥普拉·温弗莉主持脱口秀节目《人们在说话》,收视率一路飙升,超过当年脱口秀名嘴菲尔·当纳的节目。奥普拉名噪一时,并且至今仍被认为是美国最出色的脱口秀主持人。

在奥普拉看来,与别人沟通的最好办法是去了解他们,倾听他们的酸甜苦辣的故事。她与生俱来的敏锐洞察力和善解人意的天赋令她能体察别人的内心,恰如其分地捕捉到谈话中最吸引人的焦点,提出极具针对性的问题。

在竞争日益激烈的娱乐界,许多"脱口秀"节目为了吸引观众大卖噱头,奥普拉的竞争对手们往往以招供个人隐私为话题,或者是展示功能紊乱的个人和家庭,以揭露和羞辱困境中的人为乐事。

但奥普拉从不这样做。她总是想办法用善解人意的语言和神态抚慰那些嘉宾,为他们的心灵打开一扇天窗,让他们痛快地把压抑释放出来。

有人说,奥普拉的节目形式是"亲切谈话",是你来我往的交谈,看奥普拉的节目,就如同与一个好朋友谈心。她总是用善解人意的真心来交换嘉宾的真心,用温柔的语言对人动之以情,这使她的嘉宾及

观众能很快进入角色，也使她获得了巨大的好评。

一个容貌并不出色的黑人女性能取得如此重大的成功，可见善解人意实在是一项能为女孩增添无数魅力的"特殊技能"。

那么，如何让女孩变得善解人意呢？

对很多家庭来说，孩子就像太阳，父母以及祖父母都是围着太阳转的行星，家长一味地疼爱孩子，孩子只知道接受别人的关怀、体贴，不知道还应关怀别人、理解别人，日子久了，便会形成小气、内向、离群的性格，养成孩子"以自我为中心"的习惯。这样的孩子多半会被宠坏，是无法善解人意的。

所以，要想让女孩变得善解人意，我们首先应该改变不完善的教养模式，在给孩子各种爱的同时，让她也懂得爱别人、同情别人、体贴别人。我们要让她知道，她不是世界的中心，别人也有自己的权利和需求。有了这个基础，才能唤醒孩子了解别人的愿望，善解人意也才有意义。

其次，我们要让孩子从关心其他小朋友开始，逐渐照顾别人的感受。

比如，当她从其他小朋友手上抢走玩具时，我们不能只说："那不是你的玩具，你不能拿。"而应进一步对她说："你拿走了别人的玩具，别人会很难过。你想一想，如果是你心爱的娃娃被别人拿走了，你会不会难过？"

又比如，当孩子们发生冲突时，我们除了要告诉她"不能打人"之外，还应该引导她："打人会很疼的，你怕疼，别人也怕疼，对不对？"

在她开始懂得照顾别人的感受后，我们要及时表扬她的行为，使她养成好的习惯。

只有当女孩懂得照顾别人的感受，她才能变得善解人意，越来越受欢迎。

73. 外在也很重要，打造整洁健康的仪表

一个女孩给人以怎样的第一印象，往往是由外在仪表决定的。所以，女孩的外在形象很重要。

仪表即一个人的外表，包括仪容、表情、穿着等，是给他人外在的、感官上的第一印象。仪表能够反映一个人的生活态度、审美情趣。仪表高雅、不落俗套是一个人良好形象的重要组成部分。我们说打造女孩的外在形象，不仅是指相貌好看与否，更重要的是整洁健康、服饰恰当、语言文明、举止得体，懂礼仪，懂规矩，坐有坐相，站有站相。

我们说女孩要关注外表，并非指要女孩过于"爱漂亮""爱打扮"，过于自恋，而是指要让女孩保持外形的整洁健康。日常生活中，无论经济条件好与坏，讲卫生、爱整洁都是自尊的表现，干净、整洁就是美的体现。一个女孩即使天生丽质，如果在某个时刻被发现手指肮脏、体味难闻、装束怪异，也一定会使人大跌眼镜，弃而远之。相反，一个女孩虽然相貌平常，但是干净整洁、衣着得体、面带微笑，人们依然会对她有良好的第一印象。

那么，为了打造整洁健康的仪表，我们需要教会女孩注意哪些事项呢？

首先，我们要让女孩注意保持头发的干净。一是要养成勤洗头发的好习惯，不要有油腻的感觉；二是选择清爽、自然、适合自己的发

型,不要故作"非主流"状。

其次,我们要让女孩子保持眼睛的干净。心灵的窗户应保持清亮。眼角一定要洗干净,蒙眬的眼睛会使人有尚未清醒、神思恍惚的感觉。

第三,要注意牙齿卫生。牙齿是口腔的门面,开怀大笑时露出发黄或发黑的牙齿,会使动人的笑容大打折扣;牙齿上不要留有牙垢,饭后漱口是保证牙齿清洁与健康的好方法。此外,保持口气清新也很重要。

第四,要注意耳朵的卫生。要让耳朵看起来干净、不藏污纳垢。

第五,保持身体皮肤的干净。女孩要勤洗澡、勤换衣,要让人一眼看起来就觉得这个女孩很干净。如果有比较重的体味,要懂得适当使用祛除体味的物品。

最后,要注意自己的衣着。一是衣服要干净整齐,二是衣服要得体,不要把奇装异服当作个性,也不要过分花哨,以免分心。

为了女孩更好地保持良好的外形,父母在生活中要时刻注意自己的言行。父母怎样穿着打扮,怎样同其他人谈话,如何议论别人,怎样对待朋友和敌人——所有这些,都是女儿模仿的对象,尤其是母亲的行为举止,更是女儿的典范。

除了外形上的干净,我们还要引导女孩有良好的礼仪。要经常使用文明礼貌的语言,把"您好""请""对不起""谢谢""再见"这些用语挂在嘴边,永远不讲一句不文明的话;站、走、坐等动作要得体、文雅、大方,不抱臂插兜,不跷腿搁脚,不东倒西靠,不歪歪扭扭。

此外,我们还要训练女孩的表情神态。父母要教育女儿,与人交往要表现出对他人的尊重、理解和善意,要面带自然的微笑,千万不要出现剔牙、掏耳、挖鼻、搔痒、抠脚等不良习惯动作。

第七章
全面提升女孩的能力

74. 观察力：细节处的体贴入微

《福尔摩斯探案全集》里有这么一个场景：

福尔摩斯第一次与华生见面时，就立刻辨别出华生是一名去过阿富汗的军医。福尔摩斯是这样说他的推理过程的：

"这一位先生，具有医务工作者的风度，但却是一副军人气概。那么，显见他是个军医。他是刚从热带回来，因为他脸色黝黑，但是，从他手腕的皮肤黑白分明看来，这并不是他原来的肤色。他面容憔悴，这就清楚地说明他是久病初愈而又历尽了艰苦。他左臂受过伤，现在动作起来还有些僵硬不便。试问，一个英国的军医在热带地方历尽艰苦，并且臂部负过伤，这能在什么地方呢？自然只有在阿富汗了。"

福尔摩斯之所以能那么快地辨别出华生的职业、经历，靠的是敏锐的观察力。可见，观察力的敏锐程度决定了从一个人身上得到的信息的多寡，只有敏锐的观察力才能尽可能多地将一个初次见面的人的信息更好地把握住。

观察力指大脑对事物的观察能力，如通过观察发现新奇的事物等，在观察过程中对声音、气味、温度等有一个新的认识。观察力是学习能力的重要组成部分。

相比于粗枝大叶的男孩，女孩显然天生更细致，更有敏锐的观察力。但是，女孩的观察也有缺陷，她常常观察得过于琐碎而缺少分析和总结。那么，我们该如何全面提高女孩的观察力呢？

首先，大自然是最好的老师，我们可以从引导孩子观察大自然开始培养观察力。父母要经常带孩子到大自然中去，观察山、水、土地、气候、四季、风、星辰、花草树木、鸟、兽、鱼、虫等自然景象及其变化。这些观察能大大提高孩子的感知能力和观察力。

同时，我们要教给孩子一定的观察方法，比如由近而远，由简单到复杂，由局部到整体；比如通过看、听、嗅、触摸、品尝和皮肤的感觉等多种感官来综合观察，以获得对外界事物的认识；又比如指导孩子观察事物的规律和观察分析的顺序，培养孩子透过事物现象看本质的能力，从而使孩子的观察力得到提高。父母还可以和孩子比赛，看谁观察到的细节多，以鼓励孩子的积极性，久而久之孩子会更聪明。

在观察中，为了让女孩的观察跟思考联系起来，我们还可以有意识地引导她进行感觉、比较，并向她提问。我们要在提问中引导孩子思考，鼓励孩子发表自己的看法，比如问她四季的花朵都有哪些方面的不同，老虎和狮子的生活习性有哪些区别等，让她不断地对观察结果进行归纳总结。同时，父母还应鼓励女孩主动发问，在观察与思考中发问。

此外，我们还可以通过记录法帮助女孩养成观察的习惯。比如，在孩子结束一天的观察活动回家后，我们请孩子口述自己观察到的事物，由家长记录下来。孩子小的时候，一般容易注意事物的不同点，而忽略了共同点，这就需要父母在一旁提醒，教她观察要精力集中、

留心细节。随着复述锻炼的展开,她就可以做到越来越精确仔细地观察和记录了。

75. 专注力:成功者必备的能力

从前,波兰有个叫玛丽的小姑娘,学习非常专心。不管周围怎么吵闹,都分散不了她的注意力。一次,玛丽在做功课,她姐姐和同学在她面前唱歌、跳舞、做游戏,玛丽就像没看见一样,在一旁专心地看书。姐姐和同学想试探她一下,她们悄悄地在玛丽身后搭起几张凳子,只要玛丽一动,凳子就会倒下来。时间一分一秒地过去了,玛丽读完了一本书,凳子仍然竖在那儿。从此姐姐和同学再也不逗她了,而且像玛丽一样专心读书,认真学习。玛丽长大以后,成为一个伟大的科学家,她就是玛丽·居里夫人。

法国生物学家乔治·居维叶说:"天才,首先是专注力。"居里夫人的故事正证明了这一点。

专注力,又称注意、注意力,指一个人的感知、记忆、思维、想象等心理活动持续指向和集中于某一事物或对象的心理状态。专注力是智力的基本因素,也是观察力、记忆力、思维力、想象力的基础。在我们的学习过程中,专注力是打开我们心灵的门户,门开得越大,涌入的知识就越多。而一旦注意力涣散或无法集中,心灵的门户就关闭了,一切知识都将无法进入。

但是,我们看到,现在越来越多的孩子专注力正在下降。这是为什么呢?造成孩子专注力不足的原因是多方面的。比如说家庭环境、

亲子关系和父母的教育方式等。如果孩子对所做的事情不感兴趣，周围环境的干扰太多，家长给孩子布置的任务太多，都会让孩子分心或者失去信心。

在这中间，家长的干扰是需要我们极力避免的。有很多家长总是不放心孩子，孩子不管在做什么都要不断地去"关心"一下，具体表现为：孩子在认真看书时，家长要去问一声"需不需要喝水"；孩子在专心拼图时，家长去问"要不要吃苹果"；孩子写作业时，家长站在背后指指点点，说"这里错了"，不停地打断孩子的做题思路。

家长的这些不当行为，都是在不断地打断孩子的思路，不断地让原本专注做事的孩子分心，最终导致孩子专注力缺失。

因此，若想培养孩子的专注力，我们首先就要做到"不打断"。不打断孩子的思考，不打断孩子的阅读，不打断孩子的学习，甚至不打断孩子的专心游戏。

除此之外，当下的孩子普遍看电视的时间过长，也是扼杀孩子专注力的一大"凶手"。南方医科大学博士曾细花曾引述一份关于电视对自觉注意力影响的量化研究，研究指出：

孩子3岁时每天看电视一小时，可以诱使被调查者到他8岁时发生注意力涣散问题的可能性成倍增加。8岁时每天看电视一小时，可以诱使被调查者发生注意力涣散的可能性增加50%，14岁时每天看电视一小时，这一可能发生的概率增加44%。如果一个孩子在16岁时有注意力涣散的症状，那他学习成绩不好的可能性比其他孩子多4倍。

因此，若想培养孩子的专注力，我们需要做的第二件事情是关掉家里的电视、电脑，控制孩子看电视、玩电脑、玩手机的时间，绝不姑息她对电视与网络的沉迷。

此外，在培养专注力的过程中，父母切莫操之过急，更不能强迫

孩子按自己的意愿行事。如果孩子对某一事物感兴趣，我们就以这个事物作为起点，让孩子尽可能对这个事物保持较长时间的注意力，从而锻炼她的专注力持久时间。只要父母耐心、细心，孩子的专注力一定能培养起来。

76. 创造力：不走寻常路

伯克利大学心理学系艾莉森·高普尼克教授曾做过这样一个心理学实验：

高普尼克教授招来一批小孩和一批伯克利的大学生。这些人要参加两个实验：一个实验是每个人都要去探索哪一个物体可以点亮哪一台机器。这种匹配关系的学习，很简单，孩子和大学生都基本猜对了。另一个实验不同，不再是一个物体点亮一台机器，而是需要两个特定物体才能点亮一台机器。结果，第二个实验里面，孩子猜对的概率远远大于大学生。

这是为什么呢？

在现实生活中，一般是一把钥匙开一把锁，一个物体驱动一台机器。这种思维僵化是非常根深蒂固的。尽管在第二个实验中，实验者已经向大学生展示了这台机器需要两个物体才会亮，但是他们的选择还是被老经验影响，被一个物体驱动一台机器的思维限制。

而孩子不一样，他们的思维灵活而富有创造力，喜欢创新而不走寻常路，随时准备接纳新信息，他们天才般的创造性思维使他们非常快地接受了新的设定，从而比大学生更快完成了新挑战。

实验表明，在一些需要创造性思维的任务中，小孩子表现得比大

学生还要聪明。

由此，高普尼克教授在新书《宝宝也是哲学家——幼儿学习与思考的惊奇发现》中感慨，儿童的创造力实在比成人要丰富百倍，因此我们要格外珍惜儿童的这种能力，并加以保护和培养。

创造力是人类特有的一种综合性本领。一个人是否具有创造力，是一流人才和三流人才的分水岭。创造力是指生产新思想、发现和创造新事物的能力，是成功地完成某种创造性活动所必需的心理品质。创造力是一个孩子智力和能力的标志，是能否成才的重要因素，它取决于后天的培养。

创造力始于发问。所以，家长应积极引导孩子提出问题。平时家长要善于引导孩子去发现问题，多问一些"为什么"。面对孩子的"为什么"，家长先不要直接给出答案，而是让孩子自己思考，这样可以避免孩子被动地接受信息，从而锻炼她主动思考的能力。在孩子问出"为什么"后，家长可以针对孩子的回答再继续提出新问题，借此来引导孩子发掘出更多的想法，并一步步找到答案。

如果有家长觉得孩子提不出问题，我们不妨利用周围的环境诱发她的好奇心。比如可以让孩子看一看，她的衣服是用什么工具和材料做的；让她闻一闻，不同花朵的不同气味，然后问问为什么；让她看一看自然界中，什么颜色的花儿最多，什么颜色的花儿最少，为什么……

简而言之，家长应鼓励孩子积极独立思考，不盲从，不迷信别人，主动探索，从多角度、多方面想问题、看事物，发现事物的不足，敢于探索研究并发表独特的见解。

当孩子主动问出"为什么"，或者是给出问题的答案后，家长一定要及时给予表扬，让她觉得这是一件快乐的事情。

此外，创造力的培养需要放手让孩子实践。家长应鼓励孩子大胆尝试，养成她勇于动手的好习惯。我们可以让她动手做一些力所能及的事，多让她搞些小试验、小发明，从中获得创造成就的勇气和信心。当她遇到困难时，要鼓励和启发她自己想办法克服和解决。

77. 记忆力：好记性胜过烂笔头

人的一切活动，从简单的认识、行动，到复杂的学习、劳动，都离不开记忆。记忆力的发展对孩子学习文化科学知识有直接作用。一个记忆力差、前学后忘的人与一个记忆力强、过目不忘的人学习同样的内容，总是后者更轻松、学习更高效。

但是，我们也常常发现，孩子总是记不住或者前学后忘。这是为什么呢？

从心理学上说，幼儿的记忆特征有：记得少，忘得快；记忆缺乏目的性；记忆方法多为机械识记；记忆内容不精确。

正因为这样，我们更需要帮助孩子提高记忆力。

首先，我们要帮助孩子树立自信。许多人之所以记忆力不佳，是由于对自己的记忆力缺乏自信。这些人看见复杂一点的记忆内容就会说："这个太难了，我肯定记不住。"在这种消极的心理暗示下，他们的记忆力也就会越来越差，到最后什么也记不住。

美国心理学家胡德华说："凡是记忆力强的人，都必须对自己的记忆充满信心。"所以，我们首先要让孩子学会积极的心理暗示，让她面对记忆材料时，心中先默念："我一定能记得住。"让孩子通过积极的心理暗示，不断鼓励自己努力记忆。

其次，我们还需要帮助孩子掌握一定的记忆技巧。

专门研究锻炼记忆力方法的美国学者布鲁诺·弗斯特说："要具备一个可靠的记忆力，必须每天费一刻钟到半个小时的时间，做一套有计划的脑力练习，复杂的或简单的均可，只要能迫使你去动脑筋。"

第一，我们要让孩子学会记忆时聚精会神。注意集中记忆时只要专心致志，排除杂念和外界干扰，大脑皮层就会留下深刻的记忆痕迹而不容易遗忘。如果精神涣散，一心二用，就会大大降低记忆效率。

第二，我们要注意及时复习，以帮助保持记忆。

人的记忆加工有三个不同的阶段，分别是感觉记忆、短时记忆和长时记忆。

感觉记忆是记忆系统的开始阶段，它是一种原始的感觉形式，因主体对外界事物产生注意而产生，是记忆系统在对外界信息进行进一步加工之前的暂时登记。

短时记忆是感觉记忆和长时记忆的中间阶段。它最大特点是其保持的容量和时间长度均是有限的。来自感觉记忆的信息可以在短时记忆中得到加工而进入长时记忆。

长时记忆构成了个体关于外界和自身的全部知识经验。长时记忆的信息容量没有限制，良好的编码能够改善信息在长时记忆中的保持和提取。

一个人所学的知识在经过人的注意过程的学习后，便成了人的短时记忆，但是如果不经过及时的复习，这些记住的东西就会遗忘；而经过了及时的复习，这些短时记忆就会成为人的长时记忆，从而在大脑中保持着很长的时间。因此，在学习知识之后，保持及时的、反复的复习，是提高记忆持久度和准确性的极为重要的方法。

第三，我们可以采取复述法来提高记忆。

复述指以言语（口头或书面语言）重复刚识记的材料，以巩固记

忆的心理操作过程。学习内容在复述的作用下，从短时记忆向长时记忆转移。

明代著名学者张溥学问广博、知识储备极为丰富，他的"七录七焚"式学习方法在历史上很出名。"七录七焚"指：一篇文章，先读一遍，再抄一遍，然后烧掉，重读、重抄、再烧掉，如此反复7次，一篇文章于是永久地记在了他的脑海中。他所用的方法就是通过复述，反复强化记忆。

在复述中，精细复述的效果又好于机械复述。

机械复述就是我们一般说的"死记硬背"，而精细复述指对记忆中的信息进一步加工、组织，使之与预存信息建立联系，从而向长时记忆转移。也就是说，家长可以充分利用孩子已有的知识经验，使他学的新知识与脑子里的旧知识"挂钩"，有意识地建立起记忆内容和大脑原有内容的联系，从而理解新知识，并产生联想记忆。

与成人相比，孩子虽然记东西比成人快，但是保持时间常比成人短，所以更需要父母经常复述，以帮助孩子对需要记忆的对象加深印象，产生长久的记忆。

只要记忆力提高了，孩子的学习必然事半功倍。

78. 想象力：创造七彩的天空

1910年，多萝西·克劳福特·霍奇金出生于开罗，她有着收入中等而观念独特的父母——两人都重视学习与智力探索的价值，而看轻社会地位或规矩习俗。她的父母认为当时的学校教育过于刻板，而使得孩童最宝贵的想象力被磨灭殆尽，因此他们为女儿选择了不一样的

学校。

来自安布尔赛德的夏洛特·梅森小姐创立了全国父母教育联合会,其格言是"我是,我能,我应当,我愿意",他们在租来的房子或私人住宅里给12岁以下的孩子上课,将创造力和动手实践能力作为学习的重要内容。

多萝西的父母为10岁的多萝西选择了这样的学校。多萝西和同学们在老师的指导下自由发挥着儿童的天性,兴致勃勃地使用着各种实验器材,把儿童非凡的想象力用于科学探索和实验上,这使得她日后在科学探索的过程中显得格外有创造力。

一次,多萝西流了很多鼻血,她看着这些血,觉得浪费了太可惜,就突发奇想用试管收集起来,结果以这些血为原料做出了血叶啉这种药物。

天才的想象力加上持之以恒的探索力,使得多萝西在1949年发现了青霉素的三维结构,紧接着又发现了维生素B_{12}的结构和胰岛素的结构。她的研究促进了青霉素的大规模生产以及后来DNA结构的发现。

由于在维生素B_{12}方面的重大发现,1964年,多萝西·克劳福特·霍奇金获得了诺贝尔化学奖。

想象力是指人在已有形象的基础上,在头脑中创造出新形象的能力。

想象力是创造力最本质的内涵,没有想象力就表明了创造力的贫乏。丰富的想象力是创造的翅膀,是孩子创造性学习、创造性活动的基础和不可缺少的条件。人类的物质文明和精神文明,无不是创造思维和创造想象相结合的产物。

儿童时期是一个人想象力表现最活跃的时期,儿童的想象力是儿童探索活动和创新活动的基础。所以，家长要尽早为孩子插上想象的翅膀，激活孩子的想象力。

若要培养孩子的想象力，家长首先要丰富孩子的感性知识，使其头脑里充满各种事物的形象。

生活内容贫瘠的孩子，由于见识太少，往往很难在头脑中进行想象加工。相反，孩子的生活内容越丰富，见过的事物形象越多，就越有助于想象力的发展。所以家长要丰富孩子的阅历，经常带孩子参观、旅游，启发她认识自然事物和各种动植物。孩子见多识广了，就容易把各种事物的某些特点联系起来进行想象，想象力自然丰富起来。

其次，家长要选择合适的玩具来激发孩子的想象力。

在选择玩具时，低结构材料类玩具优先于高结构材料类玩具。所谓低结构材料指一些无规定玩法、无具体形象特征，可以随意操作、改变和组合的材料，比如积木、雪花片玩具等。低结构材料简单直白，功能强大、玩法多样，具有很强的可操作性，更能激发孩子的浓厚兴趣，丰富孩子的认知，给予孩子最大的想象和操作空间，让孩子在自导活动中自由探索发现。

再次，家长可以通过图片、音乐、文字等引导孩子进行想象，比如，让孩子看图说话，自由想象故事的起因，推断故事的经过和结果，编写故事的结局，等等。家长还可以鼓励孩子自由编故事并讲给爸爸妈妈和小朋友听，这既能发展想象力，又能锻炼表达能力。

最后，每个孩子的想象力都是独特而新颖的。如果孩子能够说出天马行空的想象之语，家长一定要多加鼓励，千万不要批评她的想象"不合常理"或是"胡思乱想"。父母要试着欣赏孩子的想象创意，多鼓励孩子发表自己的想法。在家长的不断鼓励下，孩子的想象力定会有长足进步。

79. 应变能力：让女孩更从容

在女孩小的时候，家长若对她进行应变能力教育，这在很大程度上能提高她的应变处理能力，让她在遇到棘手问题或突发事件时，能够从容淡定地解决问题，而不至于惊慌失措、束手无策。

那么，如何提高女孩的应变能力呢？

首先，我们要在平时鼓励孩子多独立思考，自己动手解决日常问题。

在孩子遇到困难时，家长不要急着为她出谋划策，而应鼓励孩子根据自己已有的生活经验，尽可能地想更多的办法自己解决问题。

有些家长觉得，自己的生活经验丰富，而孩子什么也不会，肯定做不好事情。这种想法是很糟糕的。如果一直抱着这种想法，始终让孩子按照家长的意见做事，孩子就永远无法自己处理问题，一旦遇到事情，也就毫无应变能力。

在日常生活中，孩子力所能及的事情就该大胆放手，让孩子独立完成。在动手实践中，孩子会经受或大或小的挫折，通过在实践中"吃一堑，长一智"，孩子能够迅速成长。若孩子一开始不懂得如何处理困境，家长可以给她一定的方法指导，比如，告诉她遇到问题先保持冷静头脑，针对问题制订初步计划，思考事情变化的多种可能性，并针对这几种可能性制定相应的后备方案。家长要让孩子懂得思考解决问题的套路，孩子自然能"举一反三"，获得应对这类问题的思维方式。

其次，我们要多鼓励孩子参加丰富多彩的活动，尤其是那些有挑

战性的活动。丰富的活动与经验能够给孩子提供更多的实践锻炼机会，孩子平时积累的经验越多，动脑、动手能力就会越强，应变能力就会越强。比如，家长可以带孩子参加模拟逃生游戏、户外野营等等，让孩子在各种突发事件中学着自己思考，解决问题。在孩子思考和解决问题的时候，家长可以给予引导和提示，但不要直接指示孩子，而要让孩子自己想办法。

再次，家长可以经常就一些模拟情景向孩子提问，让孩子针对假设的场景提出自己的解决办法。比如，在和孩子一起看到火灾新闻时，家长可以引导她思考"遇到火灾我该怎么办"；看到儿童走失的新闻，可以引导孩子思考"若是我在街上与父母走散了该怎么办"；面对其他小朋友抢玩具的情况，家长可以引导孩子思考"如果我是被抢的那个小朋友该怎么办"，等等。通过这样的模拟场景，家长先让孩子说出自己的处理办法，再帮助她分析各种处理办法的优缺点，并找到最佳处置方法。

只要坚持这样的训练，日子久了，你就会发现女儿变得更成熟、独立、有主见了，她能就一个问题提出多个有效可行的方法，面对陌生环境时依然能很好地适应。

80. 动手能力："手巧"才能"心灵"

老话说"心灵手巧"，其实，从人的发展角度说，"手巧"才能"心灵"。

大教育家陶行知先生说过："教学就是一件事，不是三件事。我

们要在做上教，在做上学。"做，就是要动手去体验，体验生活，体验知识，体验社会。孩子动手做事是成长的基础，是孩子手脑结合、身心和谐发展的过程。

1939年，陶行知先生开办了育才学校，他确定了23种学生必须具备的能力，其中初级能力有16种：会当书记；会说国语；会参加开会；会应对进退；会做小先生；会管账目；会管图书；会查字典；会烧饭菜；会洗补衣服；会种园；会布置；会修理；会游泳；会急救；会唱歌。陶行知又将这16种技能细分成很多小的项目。其中与动手能力有关的几项列举如下：

会烧饭菜：包括小锅饭、小锅面、小锅菜十味以上，并会做泡菜、咸菜、糖果、果子酱、腊肉等。

会洗补衣服：包括洗衣补衣等，12岁以上必须学会洗补衣服、晒晾、折浆。

会种园：包括种菜、种花、种树等，小学生每人至少种菜半分土地，中学生至少种一分。

会布置：包括装饰、陈列、粉刷、洒扫等，在美术课、手工课或参加布置生活室、会客室、课室、寝室、会场中学习。

会修理：包括修理简单木工、竹工、泥水工、油漆工工具等。

可见，陶行知先生高度重视动手能力的培养，这与他一贯提倡的教育主张"教学做合一"是一脉相承的。

为什么我们要格外注意孩子动手能力的培养呢？

这是因为，灵巧的手是一个人大脑发育良好的标志之一，在大脑中支配手部动作的神经细胞有20万个，而负责躯干的神经细胞有5万个，手的操作可以直接促进视觉、触觉、动觉及感知觉的发展和相互间的协调。

孩子通过手的操作，能进一步认识同一类物体的共性，因而使知觉更加具有概括性，并为概括表象和概念的产生准备条件。让孩子多多动手"做"，可以锻炼孩子的很多能力，比如孩子在动手的过程中，大脑思维能得到锻炼，协调能力得到大幅提高，逻辑能力和空间能力也能得到提升。

除了让孩子做力所能及的事情，我们还可以通过玩具和游戏来锻炼孩子的动手能力。比如家长可以给孩子提供积木、插塑、拼装玩具、橡皮泥、拼图、七巧板等玩具；或是开展各种动手操作活动，如用筷子夹玻璃球、毛线穿纽扣等。这些玩具和游戏不但能促进手部小肌肉的生长，提高孩子的动手能力，还能锻炼她的手眼脑协调能力，促进智力发育。

81. 感官训练：提升五感灵敏度

心理学上有一个著名实验：

心理学家把12对孪生老鼠分为两组，一组放到刺激丰富的环境中，一起装进一个大笼子，灯光明亮，能听到各种声音，并装有梯子、车轮等；另一组单独装进小笼子，放在昏暗、无声、无气味的屋子里，几乎得不到任何感官刺激。80天后，在刺激丰富的环境中长大的老鼠与无刺激的老鼠有了显著区别，前者的大脑明显体积大、皱折深、分量重。简而言之，"受刺激"的小老鼠"聪明"得多。

实验证明，早期的感官刺激对儿童大脑的发育至关重要。丰富的

感官刺激可以促进大脑发育，使孩子更聪明。

所谓感官，就是感觉器官，包括视觉、听觉、嗅觉、味觉以及触觉。孩子所有的信息都是从感觉器官获得的。感觉是一切复杂认知的基础，感官训练既是最基础的训练，也是提升人类智能建构的训练。通过感官训练，我们可以将抽象的感觉带入具体实物，启发孩子认知的敏锐性，让孩子经由亲自的体验而获得清楚地辨认能力。

孩子在6岁之前，对事物的思考主要以右脑为中心，也是右脑最活跃的阶段，适当的良好的刺激可以让右脑功能发挥更优秀。及早对孩子进行感官训练，能促进其五感灵敏度和右脑发育，对孩子的整体发育，包括智力心理及学习生活能力等，都有重要意义。

幼教专家蒙台梭利极为重视儿童感官的训练，在她看来，感官是心灵的窗户，感官对智力发展具有头等重要作用，感觉训练与智力培养密切相关。

我们将蒙台梭利的感官训练目标简单概括为5大训练：视觉训练、听觉训练、嗅觉训练、味觉训练和触觉训练。

其中，视觉训练的目的在于帮助孩子提高鉴别度量的视知觉、鉴别形状、颜色、大小、高低、长短及不同的几何形体；听觉训练主要使孩子习惯于辨别和比较声音的差别，使他们在听声训练过程中，培养初步的审美和鉴赏能力；嗅觉和味觉训练注重提高孩子嗅觉和味觉的灵敏度，增进和发展感受能力，使孩子的各种感觉处于更令人满意的准备状态；触觉训练在于帮助孩子辨别物体是光滑还是粗糙，辨别温度的冷热，辨别物体的轻重和大小、厚薄、长短以及形体。

在感官训练中，我们可以采取单项训练和综合训练相结合的方式。

单项训练指着重训练某一种感官，比如让孩子听音乐来促进其听觉，让孩子欣赏绘画作品来促进其视觉，让孩子触摸各种物品来促进

其触觉，等等。

综合训练指多种感觉结合训练，比如互动式投篮训练等。互动式投篮训练的动作要领是家长及孩子轮流投篮，家长投完后把球捡起来给孩子投。这项训练可以综合训练眼（视觉）、手（触觉），从而提高手臂运动能力和手眼协调能力，增进孩子与人互动的能力。

总之，感官训练可以大幅提高孩子的五感灵敏度，促进其右脑发育，从而为未来的学习打下基础。

82. 语言表达能力：让交流更顺畅

著名人际关系学大师卡耐基说："一个职业人士的成功，75% 靠沟通，25% 靠天才和能力。"美国哈佛大学做了个实验，从上小学跟踪观察小孩，从小就善于跟人交流的小孩，长大后成功的概率比不擅长交流的高很多。

这样的例子，在政坛上尤为常见，比如前泰国总理英拉。

英拉·西那瓦 1967 年出生于泰国清迈府，第四代泰国华裔，是泰国前总理他信·西那瓦 9 个兄弟姐妹中最年幼者。

2011 年 7 月 4 日，原本在泰国政界默默无闻的英拉，在总理竞选中，击败了民主党候选人、泰国现任总理阿披实，正式成为泰国候任总理。

对于英拉的竞选成功，有人说是因为她的自信与漂亮，也有人说是因为她的刚柔并济，但是不可否认的一点是，英拉有着出色的语言表达能力，总是能在交流间让人觉得舒服且受到尊重。因此，曼谷媒体评论道:"对于那些沉默的大多数人而言,她不仅长相漂亮,而且言语中充满和解之意。"

可见,在人际交往中,出色的语言表达能力总是能为人"加分",使人更容易获得成功。

语言是交流思想、互通信息的工具。语言表达能力的优劣直接影响一个人的成才。在启蒙阶段,如果父母对孩子进行语言表达训练,则可以显著提高孩子的表达能力。

相比于男孩,女孩先天更具有语言优势,尤其是在幼年时期,同年龄的女孩通常比男孩更"能说会道"。那么,我们如何进一步发展女孩的这一优势呢?

育儿专家指出:"幼儿语言能力发展的关键不是让幼儿强记大量的词汇,而是要引导幼儿乐意与人交谈,讲话礼貌;注意倾听对方讲话,能理解日常用语;能清楚地说出自己想说的事。"

日常的语言交往是真正、真实而丰富的语言教育环境,一个自由、和谐、宽松的语言交往环境,可以使幼儿通过各种感觉器官的感知来获得周围的一切知识信息,继而发展幼儿的语言。所以,家长要创造良好的语言环境,激发孩子的语言表达兴趣,提高孩子的语言交流能力。父母和孩子说话时要语速适中、吐字清楚、声调温和亲切,避免用严厉的语调或命令的方式与孩子说话。同时,家长可以利用广播和电视中的儿童节目,让孩子多模仿规范、优美的语言,使孩子增加词汇,懂得如何得体地说话,从而提高孩子的表达能力。

此外,我们还可以在家中进行社交说话训练和表演说话训练,有目的地提高孩子的语言交流能力。

比如,在社交说话训练中,我们可以让孩子进行接待客人的训练。父母模仿客人,让孩子按照迎客、待客、送客三步骤进行说话练

习，在练习中既要让孩子养成使用礼貌用语的习惯，又要让她懂得对不同身份、年龄的人说不同的话。我们还可以进行探望老人或病人的社交说话训练，比如模拟去敬老院看望老人，让孩子先询问老人的近况，再说一些合适的安慰话与祝福语，等等。

在表演性说话训练中，我们可以与孩子分角色表演书中的故事，让孩子模拟书中人说话；还可以让孩子即兴编故事，为故事中的人构思合适的用语，等等。

83. 多向思维能力：激发孩子的潜能

美国著名儿童文学家劳拉·英格斯·怀德在其自传体小说中叙述了这样一件事：

一天，父亲给我们姐妹俩讲笑话。

他说："有一个人养了一只大猫和一只小猫，为此他在门上为大猫凿了一个大洞，为小猫凿了一个小洞……"

我的姐姐打断父亲的话说："小猫可以从大洞进去呀！"

我却说："因为大猫不让小猫走大洞，所以要凿两个洞。"

父亲夸奖我们谁都比那个养猫人聪明。

为什么说劳拉姐妹聪明呢？这是因为她们俩的思维没有像养猫人那样受到限制，可以提出多种办法。这就是多向思维能力的体现。

多向思维指一个人在思考过程中，思维朝多种可能的方向扩散，以引出更多的新信息的发散性思维。它表现为思维不受点、线、面的

限制，不局限于一种模式，既可以是从尽可能多的方面去思考同一个问题，也可以从同一思维起点出发，让思路呈辐射状，形成诸多系列。多向思维能避免思路闭塞、单一和枯竭。思维越多向，找到方法的可能性越多，解决困难、面对冲突的能力就越强。

那么，如何培养多向思维呢？

我们首先要让孩子避免思维定式。

法国生物学家贝尔纳说过："妨碍学习的最大障碍，并不是未知的东西，而是已知的东西。"意思就是，思维定式常常会变成"思维枷锁"，阻碍新思维、新方法的构建，也阻碍新知识的吸收。要想培养多向思维，我们首先就要打破思维定式。

思维定式是怎样形成的？美国学者所罗门·阿希通过调查，得出这样的结论：人类有许多不幸，其中有33%在于错误地遵从别人。大量的思维定式是由于思考者受到他人感知的影响。我们在教育孩子的过程中，若一味要求孩子"听话"而不求她独立思考，那么孩子只能跟着父母、老师的思维走，自己的想法就会渐渐枯竭，也就形成了思维定式。

因此，要打破思维定式，作为思维的主体，一定要努力克服自己的从众心理。父母要帮助孩子养成勇于独立思考，不"跟风"、不人云亦云、不盲目从众、敢于坚持己见的习惯，以充分发挥孩子的多向思维能力。

在孩子思维的发展过程中，家长不要以成人的思想捆绑孩子。因为年幼，孩子的认知有限，或许会有完全不合逻辑、不合常理的地方，但这正是多向思维的重要表现。父母千万不要打击孩子，也不要总是忙着告诉孩子"标准答案"，要多表扬孩子的奇思妙想，鼓励她进行发散性思维。

在培养孩子多向思维的时候，我们还可以利用生活中的许多琐事

来进行引导。

比如,父母去幼儿园接孩子放学的时候,偶尔有一次去晚了,在孩子询问爸爸妈妈为什么来晚了的时候,父母就可以引导她自己想原因,让她尽可能多地说出不同原因。还比如,在陪孩子玩玩具时,可以引导她把一个玩具变出花样玩,如纸张除了画画、折纸、剪窗花等玩法,还可以尝试用纸包裹物品、撕纸条编东西、卷成筒当棍子、捏成团做形状,等等。再比如,当你准备做饭时,可以让孩子一起参与择菜的过程,趁机引导孩子把择下来不用的菜叶等东西做成美丽好看的动物或画等。

总之,如果父母从女儿年幼时就开始培养她的多向思维能力,不仅对她以后的学习大有帮助,还能激发她的潜能,使她变得天赋出众。

84. 时间管理能力:提高人生的效率

常有父母抱怨,孩子做事情总是慢吞吞。吃饭慢,洗手慢,写字慢,不按时完成作业,拖拖拉拉……

父母在抱怨孩子没有时间观念之前,首先要想一想,你是否有教过孩子管理时间的方法。如果在孩子年幼时父母就能格外注意孩子时间观念的培养和时间管理能力的发展,孩子未来的人生工作生活效率一定能大幅提高。

居里夫人生于波兰华沙市。父亲乌拉狄斯拉夫·斯可罗多夫斯基是中学的数学教师,母亲布罗尼斯洛娃·柏古斯卡·斯可罗多夫斯卡

是女子寄宿学校校长。父母有着多年的教育经验，都极为重视子女的培养，在子女小时候就开始培养他们的时间观念。

这样的环境下成长的居里夫人，后来也极为珍惜时间。居里夫人结婚时只有两把椅子，丈夫建议再添置椅子，作为接待客人之用。居里夫人却说："有了椅子，客人坐下来就不走了，这样的话，我们做实验的时间就被耽误了。"于是两人决定，为了挤出更多的时间搞科研，家里一把椅子也不添。

在提炼镭的艰苦实验中，居里夫人写信给朋友说："一年以来，我们没有到戏院或音乐会去，也没有拜访朋友。时间这么宝贵，不能浪费。"

无论是学习还是吃饭，无论是做家务还是做实验，居里夫人总是抓紧每一分每一秒，怕时间从自己的眼皮底下溜走。

在父母的言传身教下，居里夫人的两个女儿也都有着高效的时间管理能力。大女儿伊雷娜·约里奥·居里获1935年诺贝尔化学奖，小女儿艾芙·居里成了著名音乐家，在母亲去世之后写了《居里夫人传》，里面记录着母亲是如何珍惜时间的故事。

一般来说，孩子缺乏时间管理能力的原因有三：

其一，孩子缺乏时间观念。孩子通常觉得时间是无穷无尽的，不懂得时间有限。

其二，如果没有经过训练，孩子一般都是缺乏条理的。孩子的随意性远比大人强，天马行空的想法很多，经常想一出是一出，不会有把一件事做完再做另一件事的习惯。

其三，缺乏自控力。前两种原因是学龄前儿童的主要问题，而缺乏自控力则是学龄后儿童的主要问题。学龄后儿童已经知道时间的有限和重要性，但是常常管不住自己。

知道原因后，我们该如何帮助孩子提高时间管理的能力呢？

首先，在孩子小时候，我们要让她学会感知时间。孩子两三岁的时候，我们就可以教孩子熟悉基本时间概念，跟孩子玩计时做事的游戏。比如，看看自己数 10 个数能做完什么事；看看自己今天穿鞋用了多少分钟，有没有比上一次少；父母躲起来两分钟，看孩子能不能把散落的玩具收拾好……在 4 岁前建立初步的时间概念，对之后的时间管理很有帮助。

学龄后，我们可以教孩子列出时间计划表。先在纸上写出自己要做的事情，然后按照如下问题对事件所用时间进行重新管理：

（1）有哪些事项或活动是可以删除、减少的；

（2）有哪些项目是可以延迟，或请别人帮忙完成的；

（3）哪段时间自己的工作效率最高；

（4）哪些事项或活动的先后次序需要重新编排，或是可以同时进行的。

利用上面的问题，家长可以帮助孩子做出"学习时间计划表"，把每天必须学习的内容和所需时间写在表上，可以延迟做的事、可做可不做的事情写在旁边，在完成必须做的任务后再做其他事情。

关于必须做的事情，家长还应该给孩子设立一个最后期限。如果她能够在最后期限内完成某项任务，就给予一定的奖励；如果没有在最后期限内完成，则她必须接受相应的惩罚。

最后，在进行时间管理的时候，一定要给予孩子"弹性时间"，也就是"自由时间"，让她有自主玩乐的空隙，使她能够劳逸结合，不至于被约束得太死。

第八章
掌握学习方法,提升女孩学习力

85. 优化学习情绪，变被迫学习为主动学习

1855年，爱迪生进入小学。那所学校只有一个班级，校长和老师都是恩格尔先生。刚上学的爱迪生对一切事物都表现出浓厚的兴趣，老师每说一件事他都兴致勃勃地刨根问底，经常问老师诸如风是怎么产生的，1+1为什么等于2而不是4等问题。

爱发问、对一切都感到好奇这原本是儿童的天性，也是儿童学习兴趣之所在，然而恩格尔先生认为，这样的孩子是"不听话"的，不服从管教的。

仅仅三个月的时间，爱迪生就被老师以"低能儿"的名义撵出了学校。

被开除回家的爱迪生受到了巨大打击。幸好母亲坚持认为爱发问是儿童天性而非"低能"。

爱迪生的母亲南希当时是一家女子学校的教师，是一个富有教育经验的人，于是她开始在家中自己教爱迪生读书。

为了让爱迪生保持学习的兴趣，母亲经常鼓励爱迪生自己动手做实验。

有一次，母亲讲到伽利略的"比萨斜塔实验"后，爱迪生拿了两个大小和重量不同的球同时从高塔上抛下，结果两球同时落地。

爱迪生觉得很神奇，回去后兴奋地告诉母亲实验结果，母亲大加表扬了爱迪生主动学习的精神。这次实验和母亲的表扬深深铭刻在爱迪生脑海里，使他始终保持了浓厚的学习兴趣。

在母亲的启发下，爱迪生阅读了莎士比亚、狄更斯的著作和许多重要的历史书籍，如爱德华·吉本的《罗马帝国衰亡史》、大卫·休谟的《英国史》、托马斯·潘恩的一些著作，等等。爱迪生被书中洋溢的真知灼见所吸引，终生保持了浓厚的学习兴趣。

从被老师赶出学校的"低能儿"到最伟大的发明家，爱迪生的学习兴趣是他孜孜不倦努力钻研的最大动力。而他的学习兴趣，来自于他伟大的母亲。可见，父母对孩子学习情绪的影响，是有多么巨大。

要想优化孩子的学习情绪，让孩子变被动学习为主动学习，父母最需要做的就是提高孩子的学习兴趣。

苏霍姆林斯基指出："所有智力方面的工作，都要依赖于兴趣。"美国现代心理学家布鲁纳也曾说过："学习的最好刺激，乃是对学习材料的兴趣。"

兴趣是一种对智力活动有重要影响的非智力因素；兴趣是人追求知识，探究某种事物或从事某种活动的心理倾向；兴趣可以激发情感，培养意志；兴趣可以唤起动机，改变态度。浓厚的兴趣还能激励人们积极地探索、敏锐地观察、牢固地记忆。也能促使人们积极地提出问题、研究问题、解决问题。

从心理学角度分析，兴趣引起活动，会使个性积极化，符合兴趣的工作容易实现而且大有效果。反之，被迫进行学习会扼杀孩子掌握知识的意愿。

若想激发孩子的兴趣，我们首先要培养孩子的好奇心。

好奇心能引发孩子的求知欲，促使孩子不断接触新事物并想了解

得更多，促使孩子不断尝试，不断学习。好奇心是推动孩子主动学习、探求知识的内在驱动力。

其次，父母应尊重孩子的爱好。孩子喜欢一件事物，才会对这件事物产生兴趣，才会愿意学习相关知识。

父母要记住，兴趣是孩子乐于学习、热爱学习的原动力。如果孩子能从一件事中获得快乐的情绪，她才会有兴趣去做；当孩子能从学习中获得快乐，她才会主动学习，她的学习情绪才能得到最大程度的优化。

86. 不输给自己才是真的赢

有一则电视广告词这样说道："我不能够次次都赢别人，但决不输给自己。"在教育女孩努力学习的过程中，家长一定要为她树立"不输给自己"的心态。

塞尔玛·拉格洛夫1858年11月20日出生于瑞典韦姆兰省的莫尔巴卡庄园，她出生后不久左脚不幸残废，3岁半时，两脚完全麻痹不能行动。

为了让幼小的塞尔玛振作起来，家人总是鼓励她勇敢面对生活，告诉她不必和别的孩子相比，只要做好自己、不输给自己就好。为了鼓舞她，她的父亲、祖母和姑妈轮流给她讲故事，尤其是那些奋发振作的小故事。在家人的鼓励下，她阅读了大量积极努力生活的故事，尤其是7岁那年读到的一本关于美国印第安人的冒险传说，给她带来了极大的勇气。

于是，塞尔玛尽管不能像其他孩子那样自由奔跑，却没有沮丧、沉沦，反而每一天都努力比前一天的自己做得更好。她把这种"与自己赛跑"的精神用在了写作上，终于写出了《尼尔斯骑鹅历险记》这部伟大的名著。

1909 年，塞尔玛·拉格洛夫获得诺贝尔文学奖，是世界上第一位获得这一文学奖的女性。

塞尔玛的家人从来不拿她跟其他孩子相比，只是让她努力不输给自己，却造就了这样伟大的作家。可见，不输给自己，本身就是真正的赢。

如今，很多父母总是拿别人家孩子与自家孩子做比较，要求孩子成绩名列前茅；不顾孩子的兴趣爱好，琴棋书画特长班报得满满；孩子稍有不听话，就会指责"你看隔壁家的……"试图唤起孩子"竞争无处不在"的危机感。

这种做法出发点当然是好的，但是实际效果往往适得其反。"别人家孩子"实在太过优秀，简直十项全能，孩子无论多努力，都无法超越家长口中的"别人家孩子"，长此以往，她的自信心和自尊心都会受到严重伤害，会变得越来越不自信，越来越不敢前行，越来越害怕学习。

还有些家长，把职场的一套带入教育孩子中，总是要求自己的孩子在竞争中拿第一，比别人都好——这种叫"排他性竞争"。"排他性竞争"会导致孩子不懂得什么叫"合作共赢"，使她从小对人对事缺乏理解、宽容和大度，变得自私、狭隘、妒忌，变得不愿意与那些优秀的人合作共处，甚至为了赢而不择手段。

所以，为了让孩子更优秀，父母不要再一味要求孩子"超越别人"了，而应教育孩子"不输给自己"。

一方面，父母要让孩子不断看到自己的优点，扬长避短，让孩子更自信；另一方面，父母也要让孩子认清自己的不足，争取每天改正一点点，进步一点点，把自己作为竞争对手，想着"今天的我要胜过昨天的我"，让孩子为不输给自己而努力。

多鼓励孩子与过去的自己相比，那么，即使将来她身边已无对手，成为"独孤求败"，她仍可以不断突破自我，进入另一番新境界。

87. 制定学习目标，让学习更有动力

费罗伦斯·查德威克是世界著名的游泳健将，她一生参加过无数次渡海游泳。

1952年7月4日，她决定向一个新的纪录发起挑战——游过美国加利福尼亚和卡塔林纳岛之间21英里的卡塔林纳海峡。如果能成功，她将会是世界上第一位穿越这片海峡的女性。

但是很不凑巧，这一天海上的雾气很重，她在水里什么都看不见，甚至连护卫的船只都看不到。

十五个钟头过去，费罗伦斯精疲力竭，被冰冷的海水冻得四肢发麻。此刻，她依然看不到海岸线，于是她认为目的地还很遥远，自己不可能完成挑战，她必须停止游泳。她的母亲和教练在同一条船上，他们都告诉费罗伦斯距离海岸已经很近了，让她不要放弃，但是费罗伦斯眼前一片大雾，根本看不到前方，坚持让大家把她拉上船。

船很快驶向岸边，费罗伦斯发现，她上船的地点距离海岸只有半英里。

事后，她满面懊丧地对记者说："说真的，如果我知道陆地离我

这么近的话，我一定会坚持到终点的。"

费罗伦斯一生中只有这一次没有坚持到底。两个月之后，她成功游过同一个海峡，成为世界上第一位游过卡塔林纳海峡的女性，比男子的纪录还快了大约两个小时。

究竟是什么原因造成了她一生中唯一的遗憾？是疲劳，还是寒冷？都不是。她之所以半途而废，仅仅是因为她在迷雾中看不到目标。

学习也是如此，一个人在学习上有没有明确的目标，直接关系到其学习的动力是否强劲。

国内外的学习实践证明，学习目标具有导向、启动、激励、凝聚、调控、制约等心理作用，学习目标对一个人学习的影响力巨大。

但是，为什么孩子们常常不愿意设定学习目标呢？原因有三：

其一，很多孩子不知道学习目标的重要性。这些孩子往往缺少内在的学习动力，对学习没有兴趣，把学习当作不得不完成的"任务"，也就没有进取的目标和动力。

其二，不会设定目标。有些孩子不明白目标设定的方法，盲目设定了过难的目标，结果三天之后就放弃了。

其三，畏难心理作怪。实现学习目标的过程中，必然会有辛苦、艰难，一些孩子畏难心理严重，不愿吃苦，不愿设定学习目标。

针对以上这些情况，父母在帮助孩子设定学习目标的时候，首先要帮助她明确学习目标的重要性，其次要帮助她掌握一定的方法，以设定合适目标。

那么，怎样才算合适目标呢？一个合适的学习目标，应该符合高低适当、明确具体的要求。

高低适当，指目标不能定得过高或过低。过高的目标无法达成，

容易让孩子丧失信心；过低的目标无须努力就能达到，不利于进步。明确具体，指学习目标要便于对照和检查。像"努力学习，争取进步"这样的目标就很不明确；而"每个生字词抄写5遍""每天记忆20个单词""课前认真预习并完成课后练习""考试后订正错误题目并记录进错题本"，等等，就是明确的目标。

在学习内容目标的设定上，父母可以帮助孩子设定"长期目标"和"短期目标"。

长期目标以半个学期或一个学期为宜，最长不要超过一个学年，目标可以设定为"期末考试各科成绩多少""期末总名次多少"这种。短期目标按照"星期——天"的方式设计。先按星期画出表格，每个格子中写上一天内具体应该完成的任务是什么，一周总任务是什么。

总之，在学习目标的制定上，父母最好一方面激发孩子的学习兴趣，让孩子主动寻找学习目标；另一方面帮助孩子制定合适的目标，激励孩子不断前进。如此双管齐下，孩子的学习动力定能不断增大。

88. 启发教育胜过强行灌输

杨绛先生曾说过：

教育是管教，受教育是被动的，孩子在父母身边最开心，爱怎么淘气就怎么淘气，一般总是父母的主张，说"这孩子该上学了"。孩子第一天上学，穿了新衣新鞋，拿了新书包，欣欣喜喜地"上学了！"但是上学回来，多半就不想再去受管教，除非老师哄得好。

我体会，"好的教育"首先是启发人的学习兴趣，学习的自觉性，

培养人的上进心，引导人们好学，和不断完善自己。要让学生在不知不觉中受教育，让他们潜移默化。这方面榜样的作用很重要，言传不如身教。

我自己就是受父母师长的影响，由淘气转向好学的。爸爸说话入情入理，出口成章，《申报》评论一篇接一篇，浩气冲天，掷地有声。我佩服又好奇，请教秘诀，爸爸说："哪有什么秘诀？多读书，读好书罢了。"妈妈操劳一家大小衣食住用，得空总要翻翻古典文学、现代小说，读得津津有味。我学他们的样，找父亲藏书来读，果然有趣，从此好读书，读书入迷。

可见，好的教育是启发教育，启发教育能使孩子快乐学习，自主自愿学习，其卓越的成效远胜过一切的强行灌输。

孩子年龄越小，启发教育的效果越明显。因为年纪幼小的孩子心智相对不成熟，注意力不集中，好玩易动，如果强迫灌输知识，只会影响孩子的身心健康，不仅达不到学习效果，还会得到负面的影响。

如何对孩子进行启发教育呢？

我们在教育孩子的时候，可以多给她提一些问题，这些问题最好是孩子一知半解但又答不完全的，鼓励她积极思考、开动脑筋，用自己的理解来回答，答案越丰富多彩越好。

其次，关于问题的设计，最好是遵循两个原则：一是环环相扣，二是层层推进。

环环相扣指问题之间要成系统，能扣成完整的问题，而不是东一榔头西一棒子，这能引导孩子循着合乎逻辑的思路更深层次地认识事物，对培养孩子的逻辑性很有帮助，尤其是逻辑性一般的女孩，这种设问方法尤其有效。

层层推进指问题的设置要由浅入深、由易到难。这样孩子才会既

获得答题成功的满足感,又能有一定难度促使其思考。

此外,在提问时,家长要避免那种不分巨细、处处皆问的做法,要尽量避免单纯的判断性提问,如"对不对""是不是""好不好"等;家长应多运用疑问性提问、发散性提问、开拓性提问,给孩子更多语言表述的机会。

孩子上学后,家长可以在她每天放学回家时,问她这样几个问题:

(1)学校今天有什么美好的事情发生吗?

(2)你今天遇到了什么开心的事?

(3)你今天学习上有什么收获?

(4)有什么需要爸爸妈妈帮助的吗?

这4个问题其实包含了这样几层含义:第一个问题是在帮助女儿做价值判断,让她说出哪些是美好的事,哪些是不美好的事,帮助孩子初步建立正确的三观;第二个问题是让女儿发掘学校的快乐,让她爱上学校,进而热爱学习;第三个问题是在帮她确认她掌握了什么知识,促使她每天发奋学习,每天进步一点点;第四个问题则是告诉孩子,父母很关心你,学习上若有什么不懂的,不妨跟父母聊一聊。

这4个问题正是遵从启发教育的原则,可以帮助孩子提高学习兴趣,反思学习情况,不断争取进步。

89. 教孩子学会预习

"凡事预则立,不预则废",学习也是如此。预习是学习的一个重要环节,也是一项重要地学习准备。预习做得好,会使课堂学习更有

目的，也会使课堂学习更高效。

预习实质上是孩子的主动学习，预习课是培养自主学习能力的社会需要。

心理学研究证明，人类天然就有主动学习的倾向，人的学习应以自主学习的潜能发挥为基础。

美国认知教育心理学家奥苏贝尔于1960年提出了"先行组织者"概念。

奥苏贝尔认为，能促进有意义学习的发生和保持的最有效策略，是利用适当的引导性材料对当前所学的新内容加以定向与引导。这些具有引导性的材料可以使新、旧知识之间建立起一定的联系，进而能对新学习的内容起到牢固、吸收的作用。这种引导性材料被称为"先行组织者"，也就是我们俗称的"预习内容"。一旦孩子每次学习前都能自行建立与"先行组织者"的联系，也就自然养成了预习习惯。

通俗地说，预习能使孩子对新课的内容进行初步的感知，降低了课堂上接受新知识的难度，使得孩子上课时不再是盲目地学习，既节省了时间，又提高了课堂效率。通过自己的预习，孩子上课的时候目标更加明确，听课的重难点更容易把握，学习的兴趣也会增加。

然而，长期以来，大量调查证明，我国中小学生的预习情况并不理想，有预习习惯的孩子占比很少。这其中原因繁多，归结起来大致有教师、孩子、家长三方面原因。家长方面，主要存在的问题是家长重视不够，疏于监督检查，使孩子的预习浮光掠影，甚至完全抛弃预习环节，从而导致孩子缺乏学习的主动意识和进取精神，预习时存在一定程度的随意性，或是根本不预习。

那么，家长应该怎样帮助孩子进行预习呢？

首先，家长要从思想上重视孩子的预习问题，帮助孩子养成预习习惯。在孩子预习时，家长应要求她做到"三到"——眼到，口到，心到。"三到"既能保证孩子精力集中，提高预习质量，又有助于发挥多种感官并用的作用。

其次，有效的预习方法可以提高预习效果。家长可以教孩子灵活使用各种读书符号，让孩子熟知各种符号的意思和操作，能灵活使用"标、圈、点、勾、画、批"等读书符号，并能在读书过程中实践运用。古人说："大疑则大悟，小疑则小悟，不疑则不悟。"如果孩子遇到不理解的词语或句子，家长可以教她在后面用问号勾出，方便课堂听讲。

再次，语文的预习中，家长要高度重视孩子的知识积累问题。积累可以着眼于以下几点：一是积累字词，主要是让孩子在读通、读正确课文的基础上，能预习生字词，借助工具书掌握生字的音形义；二是积累语言，让孩子在预习中有选择地摘录课文中的好词佳句，丰富阅读体验，并增加自己的文采；三是积累疑问，让孩子在预习中查阅与课文相关的资料，尝试画出重点段落的中心句，能提出自己的学习疑问，真正进行思考。

在数学的预习上，我们可以教孩子这样做：第一步，仔细阅读教材，从教材中获取计算方法；第二步，试着自己计算至少 5 道题，完成教材中的相关练习；第三步，利用课外练习进行自我检测，并把解决不了的疑难写出来。最后，联系生活实际，想想类似生活应用中的数学解题方法，仔细想一想看是否还有其他解决方法。

好习惯是可以让人受益终身的。如果家长能够在孩子刚进入学校的时候，就帮助孩子养成预习习惯，那么她将来的学习必然高效轻松。

90. 多复习是变身"学霸"的法宝

常有家长说:"我的孩子平时功课掌握得还不错,可是一到考试就做不出来。"

这种情况的出现,固然有考试时心理素质差的问题,但更多的原因还是在于知识掌握得不够扎实。

知识掌握得不扎实,对知识点没有形成深刻的记忆,就会导致这种情况。平时一知半解,看起来好像也会,但是一到考试时,题目稍难一点,就把问题全都暴露了。

比如,就算心理素质再差的孩子,考试时也从来不会把自己的名字写错。这是为什么呢?因为名字是烂熟于心的内容,无论如何都不会忘记。

所以,再遇到这种"平时全会,考试不对"的情况,家长要告诉孩子,这不是粗心也不是一时"卡壳",这本质上就是不会。

怎样才能帮助孩子扎实掌握学习内容呢?

我们一定要让孩子养成复习的习惯。扎实有效的复习可以让知识牢牢扎根进孩子的头脑,让她在任何时候都不会忘记,从而变身"学霸"。

那么,如何安排有效复习呢?

首先,父母要帮孩子制订复习计划,并监督孩子严格执行这个计划,这可以有效帮助孩子提高复习的效率。

其次,我们要让孩子养成及时复习和定时复习的好习惯。

德国心理学家艾宾浩斯经过大量测试后,发表了著名的"遗忘曲线"。

研究发现，遗忘在学习之后立即开始。而且遗忘的进程并不是均匀的，最初遗忘速度很快，以后逐渐缓慢。学得的知识在一天后，如不抓紧复习，就只剩下原来的25%。随着时间的推移，遗忘的速度减慢，遗忘的数量也就减少。

有人做过这样一个实验：

两组学生学习一段课文，甲组在学习后不复习，一天后保持记忆率36%，一周后只剩13%。乙组按艾宾浩斯记忆规律复习，一天后保持记忆率98%，一周后保持86%。乙组的记忆率明显高于甲组。

根据"遗忘曲线"可知，保持记忆力的最佳办法有两条：一是及时复习，二是安排多阶段的循环复习。也就是说，当天学习的内容必须当天及时复习，这样记忆率的保持度最高；其次，还要在学习后三天和一周的时候定时复习，这样就能使记忆内容变成永久记忆。

再次，复习的内容要有针对性。

有时孩子明明认真复习了，却依然考不好，这是因为她来来回回复习的都是自己早已掌握的知识，而那些不懂的知识却一直也没复习，有些题型或知识点一直就没掌握住。因此复习内容要有针对性，要把平时没掌握的知识点作为复习的重点。

要想内容有针对性，复习三宝不可少。复习三宝指课本、课堂笔记、错题集。

课本是硬道理，复习时首先要将课本内容梳理一遍，要注意学会画"思维导图"来整理、归纳、总结知识点，就是我们通常说的"提纲挈领""把厚书看薄"。抓住了每个章节间的联系和规律，学习就会有事半功倍的效果。

课堂笔记也要利用起来，及时看看自己在课堂上的收获，看看老师讲解中的重点，可以更好地帮助孩子抓住知识要点。

　　错题集也是陪伴孩子整个学习过程的有效法宝。通过归纳错题，孩子可以很快发现自己在学习上的不足，从而有针对性地整理疏漏。

　　此外，不同学科的复习方法也不一样，语文、英语等偏向记忆的学科要反复诵读以巩固记忆效果，数学等逻辑思维较强的学科则应多总结解题思路，并通过做典型习题来掌握解题方法，尤其是针对常错题型多加练习。

　　若孩子偏科较严重，则要多复习弱势学科，以保持各科平衡。

　　总而言之，有效的学习方法加父母的悉心指导，孩子的成绩必然能稳步上升，最终变身"学霸"。

91. 巧用思维导图，提纲挈领掌握知识

　　思维导图的发明者是英国人东尼·博赞，他曾因帮助查尔斯王子提高记忆力而被誉为英国的"记忆力之父"。

　　思维导图又叫心智导图，是一种表达发散性思维的有效图形思维工具。它运用图文并重的技巧，把各级主题的关系用相互隶属与相关的层级图表现出来，用彩色的笔画在纸上。思维导图充分运用左右脑的机能，将左脑的逻辑、顺序、条例、文字、数字，以及右脑的图像、想象、颜色、空间、整体思维等各种因素全部调动起来，协助人们在科学与艺术、逻辑与想象之间平衡发展，从而开启人类大脑的无限潜能。

　　随着思维导图的不断普及，世界上使用思维导图的人已经超过

2.5亿。目前许多跨国公司,如微软、IBM、波音已经使用思维导图作为工作工具,新加坡、澳大利亚、墨西哥早已将思维导图引进教育领域,哈佛大学、剑桥大学、伦敦经济学院等知名学府也在使用和教授思维导图。

从性别差异上看,女孩更擅长形象思维,而男孩更擅长抽象思维。思维导图恰好契合了女孩的思维特点,通过形象、生动的绘画方式将抽象复杂的思维过程变成可看得见的颜色、线条、形状等具体的再现画面,能使女孩在形象的画面中感受抽象的概念,同时学会分析、整理、归纳知识点。

思维导图有很多种形式,下面介绍几种比较简单实用的,供家长参考。

(1) Circle Map(圆圈图)

圆圈图主要用来定义一件事或一个物体。它由两个大小不同的圆圈组成,里面的小圆圈填写孩子们需要描述的主题,外圈写下对这个事物的各种看法。

(2) Tree Map(树状图)

树状图由一个个级别组成,像一棵树的伸展,树根代表主题,树杈和枝叶代表着主题的具体内容描述。树状图主要用来做分类和归纳,对于知识点的归纳整理特别有效。

(3) Bubble Map(气泡图)

气泡图由中间的大圆形气泡与周围很多气泡组成。中间的气泡填写要描述的事物主题,外边的泡泡与中间大气泡以直线相连接,通过描绘主题的深度与多样性,帮助孩子学习知识。

(4) Flow Map(流程图)

流程图主要用来弄清事物的先后顺序。首先在空白处写好主题,然后从第一个小方框开始描绘完成这个事情所需要的每个步骤,再用

箭头将这些步骤串联起来。流程图适合用来制订学习或其他事情的计划，使孩子做事井井有条，锻炼孩子的逻辑思维能力。

（5）Multi－flow Map（复流图）

复流图是展示、分析因果关系的一种思维导图。中间的大框描述主要事件，左侧若干小框表示导致事件发生的原因，右侧小框列举事件引起的后果，再用箭头将它们联系起来。

（6）Brace Map（括号图）

括号图用来表述整体与局部的关系，由一个大括号与若干小括号组成，在大括号左边写上主题，之后填写每个部分的细节，可以帮助孩子理解主题与分支之间的关系。

思维导图从一个中心点开始向四周发散，独特的发散性结构能培养女孩的多向思维能力。在绘制思维导图时，孩子需要把脑中的内容按照一定顺序排列清楚，可以增强女孩的逻辑思维。同时，思维导图能帮助女孩通过涂鸦、绘画表达自己内心世界，让她的创造力和联想力得到进一步的发挥，有利于促使大脑更完整地发育。

第九章
帮助女孩度过矛盾叛逆的青春期

92. 性教育越早越好

每一年，我们都在新闻上看到大量少女未婚先孕、流产等消息，在痛心女孩身心受创的同时，我们也要思考，为什么会有这么多女孩不懂得自我保护。

实际上，这与中国传统的封闭性观念有关。"性"的话题即使在成人间也难以启齿，更别说在儿童间。大人闭口不提，孩子问起来则斥责为"羞耻"，于是孩子不懂性，又偏偏好奇性，导致偷尝禁果的事情屡次发生。而类似事情，对女孩的伤害远远大过男孩。所以，女孩的父母一定要重视性教育，早早对女孩进行性教育。

从4岁开始，儿童就会进入性别和出生敏感期，5岁会达到高峰。这一时期，孩子对男女生理的区别、对孩子从哪里来等问题会感到好奇，这其实是关注自身、发现自己与异性不同的重要一步。受好奇心的驱使，孩子会很自然地向家长询问"我从哪里来"，并对性器官产生好奇。在这一时期对女孩进行性教育是极为合适的。

在这一时期对孩子进行性教育，早已是许多国家教育法中明文规定的内容。

20世纪70年代初，性教育进入了芬兰中小学的教学大纲，连幼儿园也有正式的性教育图书，一面加强性道德教育，一面从性保健出发进行性知识教育。芬兰有本幼儿性教育书——《我们的身体》，父母可以像讲《一千零一夜》那样每天讲一节，孩子的性教育就自然而然地开始了。

英国法律规定，必须对5岁的儿童开始进行强制性性教育。根据"国家必修课程"的具体规定，英国所有公立中小学都将学生按不同年龄层次划分为4个阶段来进行不同内容的性教育。

美国"性信息和性教育"理事会主席玛丽·考尔德博士认为：对于性教育，可能特别紧要而有效的时期是14岁之前，尤其是5岁之前，这一时期接受的有关"性"的培养和教育，将决定儿童此后一生关于"性"的种种方面的观念。性教育误区的存在会直接影响到儿童早期性教育的效果，还可能因此形成对性的羞耻感、厌恶感，甚至萌生罪恶感，引发成人时的性心理异常。

可见，对女孩的性教育，一要及早进行，四五岁就可以开始；二要从坦然的态度出发，像讲故事一样给孩子讲解生理知识。

性不是什么羞耻的事情，父母在对女孩进行性教育的时候，态度一定要坦荡，不要一说起性的问题就遮遮掩掩，甚至批评孩子"羞羞"。如果父母不断向她传输"性＝羞耻"的概念，会使孩子误认为性是下流的、污秽的，从而产生心理问题。

对于女孩的性教育，由母亲来进行更好。

母亲在陪孩子洗澡的时候，可以教孩子认识身体器官，告诉她男女生理的不同构造、受精卵怎样产生、孩子如何生出来等问题。

如果母亲觉得自己讲解得不清楚，不妨购买一些儿童性教育的书籍，目前国外幼儿园的性教育书籍较多，书店或网上都可以购买到。

父母要记住，性与安全的知识，孩子如果不能从正常渠道获得，就会从其他不良渠道获得，或是因为好奇和冲动而做出不可挽回的事。所以，父母们不要回避这个问题，让女孩早知道不良性行为的危害，能有效减少此类事件的发生。

93. 不可忽视的成长躁动期

在女孩的成长路上，我们一定要高度重视其青春期的到来。

青春期指从性器官开始发育、第二性征出现至生殖功能完全成熟的一段时期。

医学上这样定义女孩的青春期：

由于卵巢比睾丸发育早，所以女孩的身体发育要比男孩早1～2年。女孩青春期起讫时间大约各为9～12岁及18～20岁，月经来潮是青春期最显著的标志。

这一时期，女孩身高、体重迅速增长；身体各脏器功能趋向成熟，神经系统的结构已接近成年人，思维活跃，对事物的反应能力提高，分析问题能力和记忆力增强；内分泌系统发育成熟，肾上腺开始分泌雌性激素刺激毛发生长，出现阴毛、腋毛。生殖系统下丘脑—垂体—卵巢轴系统发育成熟，卵巢开始分泌雌激素、孕激素及少量雄激素，阴道开始分泌液体，外生殖器官发育，出现诸如乳房隆起、皮下脂肪丰满、腿围普遍大于男生、骨盆变宽且普遍宽于男生10厘米、嗓音细高等第二性征。

事实上，青春期女孩的显著变化不仅体现在生理上，更体现在心理上。

青春期又被称为"叛逆期",哪怕是乖巧的女孩,进入青春期后也常常会变得叛逆、躁动。她们的自我意识逐渐觉醒,格外渴求独立,情感更加丰富、细腻,这一切使得这个阶段的女孩表面上看起来文静,但内心可能会对父母和老师的要求充满了不认同、抵触、不满。

身体的迅速变化,一方面会使女孩产生困扰、自卑、不安、焦虑等心理问题,甚至产生不良行为;另一方面又会使她对异性产生好感,乃至性冲动。

而青春期又恰好和女孩进入初中的时间大致重合,初中之后,学业压力骤然变大,也会给女孩的心理带来巨大负担。

从性格上看,尽管女孩一直比男孩敏感纤细,但这一时期的女孩会变得格外敏感。每个女孩心中都有一个理想的关系模型,一旦她觉得与他人的关系不符合这个理想模型,她就会觉得受到伤害。面对不合理想的模型,女孩一方面非常容易妥协,常常会放弃自己的正当利益而向他人妥协;另一方面,又会在妥协之后感到自己委屈,于是埋怨他人。

这一时期的女孩,他人不经意的一句话也会使她哭泣不已或是暗自怀疑自己,所以父母要格外耐心而温柔,不要总是斥责女孩"软弱无能",这会使她更加否定自己。

同时,这一时期,我们也要让女孩学着"懂事"。青春期是抛弃各种幼稚的思想观念和行为模式的时期,也是女孩逐步建立起较为成熟、符合社会规范的思想观念和行为模式的时期。这是一个人成熟的必经期,也是一个人成长为有责任意识的社会人的必然过程。

所以这一时期,父母既要关心呵护女孩,又要有意识地锻炼女孩,让她的肩膀逐渐硬朗起来,能承担生活的风雨。

此外,对异性的好感是青春期逃不过的话题,这是成长中必然的

"躁动"，父母一定要意识到堵不如疏，从而帮助女孩安然度过青春期。

94. 打开女孩的心锁

青春期的女孩，往往不像童年时那样叽叽喳喳，爱向父母倾诉。她们开始有了自己的秘密，她们会对好朋友产生强烈依赖，有什么秘密宁可告诉朋友也不告诉父母；她们会好奇、爱慕异性，对异性产生明显的亲近愿望。

这一时期，父母一定要多注意与女孩的交流，努力打开女孩的心锁，让彼此间产生心灵的沟通，以帮助女孩顺利度过青春期。

打开女孩的心锁，走进女孩的内心世界，首先要从倾听女孩的心声做起。

为什么会有许多父母抱怨女儿越大越不愿意和他们交流？

很大一部分原因是在女儿小时候，倾诉的意愿没有得到父母完全的重视，渐渐地女儿也就不愿意和父母交流了。

其实，代际沟通的黄金时期在幼年。孩子年纪越小，越适宜进行代际沟通。如果从小开始，父母与女儿的交流就是互动的、亲密的、无话不谈的，那么女孩大了以后，依然会习惯这种交流方式。

在打开女孩心锁的过程中，父母尤其是母亲一定要做个有心人。如果女儿不愿意多交流，那么父母就要多观察，透过生活中的细节去察觉、了解女儿的想法。在观察、发现的过程中，父母要放下架子，主动接触女孩，为亲子对话营造平等自由的氛围。父母要树立这样一个观念：父母和女孩是平等的，每个人都有被尊重和信赖的需要。

在观察的基础上，父母还要学会倾听女孩的心声，积极尝试培养与女儿的朋友式的交流互动。

现在很多家长，喜欢"讲道理"，但是这个"讲道理"常常是单方面的。每当女孩的意见和父母不一致时，父母都会以势压人，只允许自己给孩子讲道理，长篇大论地教育孩子，却不愿倾听孩子的道理，听听孩子到底怎么想。这种"讲道理"，本质上其实是"不讲道理"，只会导致亲子关系越来越僵硬，使女孩的逆反心理越来越严重。

父母要认识到女儿已成长为一个有独立情感、意志的人，要在充分尊重女儿的前提下进行亲子对话，对女儿表达关爱的方式要切合女儿的身心变化。有些事情，在没有弄明白之前不要妄下定论，不然会挫伤女孩的感情。

在交谈时，父母应掌握一些可操作的语言沟通技巧，语气要温柔而平等，避免命令或指责的语调。这样，女孩才能体会到父母对自己的尊重，也才会信任父母，与父母敞开心扉交流。

此外，父母要信任女儿，给女儿应有的个人空间，不要凡事都打听，孩子有孩子的秘密，如果不愿意倾诉，千万不要勉强她，更不要偷看她的日记、信件等。

总之，若想打开女孩的心锁，父母千万要记得：孩子有自己的思想世界，作为父母，要主动走进她的世界，主动观察、交谈，不要等到无话可说时才后悔莫及。

95. 关爱自己的身体，健康才是最美的

进入青春期后，女孩会变得格外在意外形。

不少女孩子受现今审美的影响，片面地认为瘦就是美。调查表明，超过一半的青春期女孩认为自己太胖了，哪怕身形正常甚至偏瘦，她们依然觉得自己太胖，并且尝试节食减肥。这是严重伤害女孩身体健康的。

如果你的女儿已经在胡乱节食或是对自己的外形有各种不满意，那就把下面这段话贴出来给她看——

饮食专家指出，青春期的女孩盲目节食减肥会导致以下问题：

（1）智力发育障碍

脑细胞的生长发育需要大量的蛋白质，节食会造成体内蛋白质缺乏，使大脑细胞的发育受到影响，会出现记忆力减退、注意力不能集中等现象。严重的还会出现疲劳、乏力和各项生理功能减退，甚至出现皮肤松弛、肌肉无力等症状。

（2）月经初潮年龄推迟或发生月经紊乱

少女节食会影响雌激素分泌，造成月经初潮年龄较正常女性晚；月经已经来潮者，会发生月经紊乱。另外还会出现第二性征发育不良，表现为胸部扁平、阴毛和腋毛稀少等。

（3）产生精神性厌食

长期过度节食可使食欲减退，导致精神性厌食。如果不及时进行强制性进食和精神治疗，会导致全身营养状况恶化，严重危害身体健康。

（4）引发各种疾病

节食减肥会导致营养不良，比如蛋白质和铁缺乏，引起缺铁性贫血，皮肤苍白、头昏眼花、神疲乏力、活动后心悸气短等；糖类缺乏，引起低血糖症等。

除了盲目减肥之外，女孩对自己外形的不满意还体现在其他方面。比如，常常有女孩抱怨自己"眼睛太小了""鼻子太塌了""皮肤太黑了""汗毛太多了"等。有的女孩每天照镜子超过一小时,不仅浪费了时间,还导致自己越来越自卑。

这些问题,该怎么解决呢?

女孩很容易受到外界影响。如果父母总是强调外表,女孩就会对外表十分在意;如果父母总是说着"你不好看",女孩就会对自己的外表不自信;如果父母常说"那个女孩挺好看,就是胖了一点",女孩也会格外担心自己变胖而不断减肥;如果母亲在照镜子时总是皱眉说自己"哎呀!又长了一条皱纹,真难看"之类的话,女孩也会总是放大自己外貌中的缺陷而忽略自己好看的地方。

而如果父母在她小的时候就告诉她"健康即美",并帮她养成热爱运动、合理膳食的习惯,让女孩能够做到昂首挺胸、自信自然,那么她即使外貌不出众,也自有青春的美感。

所以,要想女孩欣赏自己、不过分挑剔自己的外形,父母要在她小时候就重视引导,一是不断告诉她健康自然就是美,女孩应学会关爱自己的身体;二是告诉她内在美远比外在美更吸引人,修炼气质和品行远比改变外形重要。

如果在女孩小时候,她就能正确认识美的标准,那么她长大后就比较容易自信、开朗,会用心提高自己的修养,美化自己的心灵,从而自然地展现出青春之美。

96. 不要侵犯女孩的隐私

进入青春期后,女孩喜欢紧锁房门,或是给自己的抽屉上锁。

有些焦虑的家长,会千方百计破坏这把"锁",结果引来家庭矛

盾纷争。

我们也知道，"可怜天下父母心"，父母看孩子的隐私是为了更好地了解孩子，然而无论如何，侵犯孩子隐私的行为是不可取的。

所谓隐私，就是每个人心中不愿告诉他人的秘密。人人都有自己的隐私，孩子也不例外。

随着年龄的增长，进入青春期的女孩的生活领域扩大，知识信息量拓宽，情感世界逐渐丰富，自我意识不断增强，产生了不愿与父母分享的秘密。"锁"宣告她已成长为一个拥有个人行为秘密的成人，这是一种自我意识的体现，说明她开始渴望有独立的、受社会和家庭尊重的人格。

这种自我意识的增强，是一个人融入社会的前奏，对处于青春发育期女孩的身心健康关系重大。

即使是一家人，家庭成员间也会有各自的隐私，每个人都有保留其秘密的权利。但是，总有些家长不明白隐私权是受法律保护的，总是用"我是在了解你""我是为你好"这类借口来侵犯孩子的隐私。

有女孩抱怨，父母不仅爱翻看她的手机，还偷看她的日记，让她觉得非常不舒服。而当她和父母抗议时，父母却回应说："你还是未成年，有什么秘密？"

还有父母说，青春期的女孩有了秘密，多半跟早恋有关，父母必须知道，不然怎么管她。

父母这样做，危害很大。

首先，父母是孩子的榜样，如果父母做出了错误的表率，孩子也会跟着学习。如果女孩的隐私常常得不到父母应有的尊重和保护，她就会有"可以随意翻看他人物品"的印象，长大后也不会尊重他人隐私。

其次，孩子的隐私如果再三遭到侵犯，她就会觉得自己在家庭中得不到尊重，从而自尊心受到伤害。

再次，青春期的女孩喜欢三五结伴，彼此分享一些小秘密，这是她们之间表示关系亲密的一种"约定"。父母若随意侵犯并宣扬这些秘密，容易导致女孩被同伴孤立，破坏其人际关系。

而最严重的问题是，一旦父母侵犯了孩子的隐私，孩子必然对父母产生反感与不信任，双方产生隔阂，亲子关系的亲密度降低，以后再教育孩子，孩子就很难听进去了。

那么，父母应该怎样做，才能既尊重女孩隐私，又深入了解女孩呢？

首先，父母对女儿思想动向的了解，要建立在尊重孩子的基础上。对于青春期的女孩来说，父母一定要给她足够的独立空间，绝不能采取简单粗暴的窥探式教育。

其次，父母要多关心女儿，经常以平等的态度与她交谈，多倾听她的心声，征求她的意见，使自己成为女儿信赖的朋友。如果孩子足够信任你，她自然愿意把心中的秘密告诉你，自觉向你袒露隐私。在孩子告诉你秘密之后，你应该主动承诺为她保守秘密，这样孩子才会更加信任你。

最后，对于已经侵犯过女儿隐私的父母，建议及时补救，比如主动向女儿承认自己的错误，让她感受到父母的诚意，获得尊重后重新建立亲子信任。

父母请务必记得，千万不要以爱之名，侵犯孩子的隐私。

97. 不要对早恋"谈虎色变"

有些家长一听到"早恋"二字，就像面对洪水猛兽那样恐惧不

安，整天对女儿疑神疑鬼，在家中忌讳提起任何恋爱话题，一旦发现女儿与男生来往就高度紧张，斥责、打骂女孩，限制她与同学间的正常交往，甚至采用跟踪盯梢的办法对女孩的行踪严加控制。

这样做真的有效吗？

中学生进入人生的青少年阶段，情感开始萌发，对异性产生好感，这是青春期最正常的心理变化。如果父母用简单粗暴的方法禁止，只会伤害女孩的内心，使她感觉自己无法从家庭中寻找温暖，转而加倍寻求他人的情感，变本加厉地"谈恋爱"。

但是，如果对女孩的"早恋"行为真的不予约束，又可能导致她冲动之下偷尝禁果，做出伤害自己身体的事情。何况，中学阶段是学习的黄金时代，若因为谈恋爱而大量分散精力，导致成绩下降，将来必然后悔不已。

因此，如何正确引导青春期少女的情感，是每位父母都需要认真思考的问题。

首先，充分的关爱是最好的保护。

调查证明，很多女孩的早恋或者性行为，原因之一是无法从父母那里寻求到足够的温暖，转而去家庭之外的地方满足情感需求。所以，父母首先要让女孩感受到充足的爱和信任，让女孩不要因为"缺爱"而放纵。

其次，对异性产生好感是不可避免的，与其阻止，不如让女儿树立正确的爱情观。

比如，父母以过来人身份分享恋爱经验，让孩子知道恋爱是寻找有着共同理想的伴侣，而不是为了解闷而寻找刺激；爱情必须建立在两人相互了解、信任、尊重的基础上，单有外表的迷恋不是真正的爱情；恋爱时应认真观察对方的人品，判断对方是不是一个高尚的、值得爱的男孩；面对喜欢的男生，要掌握好交往的"度"，健康、纯洁

交往；对于不喜欢的男生，要坚决果断地拒绝，不要优柔寡断，否则会带来更多麻烦；拒绝时要注意说话的方式，对别人做到起码的尊重。

父母还应该告诉女孩，爱情也有"健康"与"不良"之分。健康的爱情会激发一个人性格中优秀的一面，促使人变得美好，变得更乐观开朗，更善良，更热爱生活，并为了让对方看到"更好的自己"而不断努力。反之，若一段感情会让你厌倦世界、与其他同学关系疏远、不思进取，那就是一段不良的情感，是我们要极力避免的。

此外，父母要告诉孩子，青春期的爱情是很脆弱的，失恋是正常，要学会好聚好散，不要因为失恋而做出自暴自弃、伤害自己的事情。

再次，父母应教育女孩摆正学习与恋爱的关系。

无论如何，中学时期的女孩，学习才是她生活的重心。所以父母要让女孩看到，恋爱对成绩的影响，让女孩提高自控力，将主要精力放在学习上。父母还可以教女儿，与喜欢的男生设立一个恋爱开始的时间点——比如考上大学。在此之前，大家把好感化作互动鼓励的动力，一起学习，共同奋斗，携手考入理想的学校，到那时候再开始美丽的爱情。这也是考验对方的好机会——如果男孩拒绝，表示没有耐心等待，那么说明他对女孩的感情不够真诚。

最后，父母一定要及时对女儿进行性教育。科学的性教育主要包括两部分内容，一是性道德教育，二是性知识教育。从性道德的角度出发，父母要告诉女孩，衣着要避免暴露，举止要注意分寸，警惕陌生人的邀约。从性知识的角度出发，父母要教女孩学会自我保护，告诉女孩过早发生性行为的危害。

一旦女孩真的发生性行为，家长要做的是把伤害降到最低。这时是女孩最脆弱的时候，父母的理解和帮助可以使她振作起来，而父母

的歧视与打骂则可能毁了她。

98. 教女孩把握好与异性交往的"度"

青春期的异性交往一直是个敏感话题，家长要学会坦然面对这个问题，并给予孩子必要的指导，教女孩把握好与异性交往的"度"。

青春期女孩对异性产生好感，这是其心理、生理走向成熟的必然结果。青春期男女生之间的交往是正常的、必要的，也是有益于青少年身心健康成长的。具体而言，有如下好处：

其一，有助于满足青春期少女的正当心理需要。

青春期女孩对异性的好奇、好感、希望建立友谊等倾向是这一阶段个体心理发展的基本特征，这种正当心理需求若得不到满足，很容易引起各种心理问题，比如过于压抑而导致的焦躁、烦恼等。

其二，有助于促进女孩性别角色定位。

正确的性别角色定位与个体的异性交往经历有直接关系，女孩通过同性认识到女孩的特点，也会从异性身上正确认识到男孩的特征，这有利于个性的全面发展，促进女孩人格的健康发展。如果缺少异性交往，会导致她性别认知模糊，甚至影响将来的性取向。

其三，有助于心理互补性发展。

男女在心理发展的许多方面存在着明显差异。比如在思维模式上，女孩擅长形象思维，男孩擅长抽象思维；在学科优势上，女孩通常文科较优异，而男生更擅长理科。正常的异性交往可以帮助男孩和女孩形成互补，使双方取长补短，提高智力活动水平和学习效率。

其四，有助于今后妥善处理婚恋问题。

在正常的异性交往中,女孩能了解异性心理,对异性的性格、人品做出客观判断,并学会与异性交往的正确方式,这对她今后的恋爱、婚姻都大有裨益。

尽管正常的异性交往是有利于女孩成长发展的,但是我们也要注意把握好"度"。

首先,与异性朋友的交往应公开透明,越偷偷摸摸越容易引起误解。若异性朋友邀约出去玩,可以在告诉父母后,大方赴约。

其次,交往形式上,群体性活动优先于单独活动,避免搞孤立的"二人小圈子",免得因分不清友情和爱情的界限而陷入情感旋涡。

再次,交往举止上,一举一动都要大方得体,不能过于随便,行为举止应自然、顺畅,既不奔放,也不扭捏害羞;既不粗鲁,也不矫揉造作。说话时要懂得尊重他人,注意留有余地,涉及两性间的敏感话题应懂得回避,不要随意开不合适的玩笑。

以上是异性朋友间的交往,若女孩告诉我们,她有了喜欢的异性,我们又该怎么做呢?

我们要告诉女孩,对异性产生好感是正常的青春期反应,如果这份感情是纯洁、真诚的,那么一方面要保持"发乎情,止乎礼"的尺度,交往中不过分亲昵,女孩要自尊自重,有节有制,保持女孩的矜持;另一方面,不要为了恋爱耽误学习,而应该与对方一起学习,共同进步,努力做"最好的自己"。

99. 远离盲目崇拜,引导女孩理智追星

进入青春期后,女孩常常会忽然迷恋上某个人,迷恋对象既可能

是现实生活中的人，如老师、同学、朋友等；也可能是有一定距离的人物，如明星等。

其中，对明星的迷恋行为，我们称之为追星。追星多发生在青少年身上，表面上看是对心中偶像或者娱乐打造的明星所进行的崇拜支持类行为，其心理实质则是青春期（情感波动期）为寻求认同感或满足其梦想而进行的情感寄托。

追星是青少年时期重要的心理特征之一，其原因主要有：

（1）成功心理。青少年对未来有种种向往和追求，向往事业的成功，幻想赢得他人的好感，渴望自己成为令人羡慕的"焦点人物"。这些往往是难以实现的"白日梦"，因此他们将梦想转移到已经成功的明星身上。

（2）圆梦心理。被媒体、娱乐公司打造出来的明星，一举一动总是那么闪耀，完美得就像童话中的王子公主。而现实世界永远是不完美的，所以女孩把理想恋人的形象投射到喜欢的明星身上，认为这就是自己的"爱情寄托"，以满足自己的幻想。

（3）从众心理。青少年时代是一个追求时尚的年代，明星代表着时尚与潮流，追星代表着他们"不落伍"。而且，身边的同伴也多半在追星，因此女孩也会选择与大家一起追星，以融入同伴，不至于无法交流。

（4）安抚心理。青春期是一个充满焦虑与矛盾的时期，学业压力、父母的不理解、同伴矛盾、异性交往的烦恼，都会使她们产生无法排遣的苦闷。而追星可以添加生活中的乐趣，舒缓紧张的心情。

理智的追星可以舒缓紧张的心情，作为课余的兴趣，使女孩的生活多姿多彩。但是，很多女孩陷入盲目崇拜的狂热追星中，因为欣赏某个明星的外形就对其盲目崇拜，以至于无心学习，成绩直线下降，则是一种不得不警惕的病态心理。

因此，父母要对女孩的追星进行正确的引导。

首先，对待女孩的迷恋行为，父母们要有足够的耐心，理解她们，温和开导，不随意嘲讽，深入女孩的内心，为有效沟通创造条件。

其次，父母要从价值观上引导孩子，为孩子建立正确的三观，告诉孩子追星的价值在于从明星身上汲取"正能量"，要多看到品质优秀的明星，借鉴他们的优秀之处，不断启示自己，提高自己。如果明星做出吸毒、潜规则等突破底线的事情，一定要予以抵制，而不能盲目支持。

再次，父母要与女孩约定追星花费的时间成本，要求孩子合理有度追星，不能因为追星而浪费学习时间。

总而言之，父母要引导女孩合理追星，不要在追星中迷失了自己。

100. 重视网络安全，远离网恋、网骗的陷阱

网络的便捷丰富了人们的业余生活，也简化了交友的步骤，很多人选择在网络上寻找知己或是爱人。由于网络的虚幻和隐蔽，互联网渐渐成了众多骗子的行骗工具，网络交友常常暗藏陷阱。

网络诈骗层出不穷，而在受骗人群中，青春期少女占比极高，其中绝大部分是被网恋对象欺骗。感情受挫还是小事，更有甚者受到身体伤害，乃至危害生命。

为什么青春期女孩容易落入网恋、网骗的陷阱呢？

处于青春期的女孩，受荷尔蒙的影响，生理和心理上都会有"翻

天覆地"的变化。她们经常会陷入迷茫,不知道自己要做什么,该怎么做,并为此感到害怕。这种时候,她们会格外渴望他人的夸奖、安慰、理解,渴望友谊和交流,网上聊天给了她们倾诉的空间和对象。

同时,青春期女孩涉世未深,难以有敏锐的目光和冷静的头脑分辨网友的好坏,于是常常被虚假的言语、形象迷惑,理想化、美化网恋对象。网络骗子正是抓住了少女爱幻想、渴望理解的心理,通过虚构自己的身份、家庭背景、性格、外形等骗取女孩的信任。

那么,如何提高安全意识,帮助女孩远离网恋、网骗的陷阱呢?

父母要重视网络安全问题,平时多给女孩看社会新闻,尤其是那些有关网络诈骗的新闻,让女孩明白,这个世界不是只有单纯与美好。

同时,父母要告诉女孩,一定要多留个心眼儿,对陌生网友要时刻保持警惕,不要轻信,要学会保护自己。要做到:

(1)遇到"心仪"的网友时,不要轻易相信他,避免因交友不慎带来身心伤害以及经济损失。尤其是那些花言巧语者,多半动机不纯。

(2)不要和网友发生借贷关系,不要与人发生金钱纠葛。

(3)对试图得到她私人信息者保持高度警惕;一旦遭遇网络诈骗或隐私被人曝光于网络,要第一时间告诉父母并报案。

(4)不要答应陌生网友的见面请求。要是贸然去了,很可能就会受到伤害,甚至丧失性命。

最重要的是,女孩的父母要知道,大量事实证明,那些内向的、朋友较少、不被家人理解的女孩受骗概率远高于其他女孩。也就是说,每个人都有对温暖的渴望,如果一个女孩不能从家人身上获得温暖,她就会转而到其他地方寻求温暖,最终沉浸在虚幻的网络里。

所以,要想帮助女孩远离网络骗局,从根本上说,父母要给予女

孩足够的理解、支持、关心和耐心，经常与她交流谈心，鼓励她说出自己的想法，在和谐的家庭氛围中帮助女孩平衡自我内心与外在世界，让她即使网恋了也愿意主动告诉父母，并听取父母的建议，从而避免受到伤害。